阿拉伯联合酋长国

THE UNITED ARAB EMIRATES

中国银行股份有限公司　编
社会科学文献出版社

社会科学文献出版社
SOCIAL SCIENCES ACADEMIC PRESS (CHINA)

阿拉伯联合酋长国
THE UNITED ARAB EMIRATES

中国驻阿拉伯联合酋长国大使馆
(Embassy of the People's Republic of China in the United Arab Emirates)
地址：Plot NO.26, Sector NO.W-22, Abu Dhabi
领事保护热线：+971-2-4434276
网址：http://www.fmprc.gov.cn/ce/ceae/chn/
注：其他领事馆信息详见附录二

阿拉伯联合酋长国
THE UNITED ARAB EMIRATES

序

  2013年，国家主席习近平在出访中亚和东南亚国家期间，先后提出共建"丝绸之路经济带"和"21世纪海上丝绸之路"的重大倡议，向全世界宣告了亿万中国人民谋求和平发展，与沿线国家和地区共同合作、共建繁荣的美好愿景。"一带一路"战略布局无疑成为当今世界最大的系统性工程，得到国际社会的广泛响应。

  道之大者，为国为民。作为中华民族金融业的旗帜，中国银行早已将"为社会谋福利，为国家求富强"的信念植入血脉。在一百多年的发展进程中，不断顺应历史潮流，持续经营、稳健发展，为民族解放、社会进步、国家繁荣做出重要贡献。站在新的历史机遇期，以"担当社会责任"为己任，以"做最好的银行"为目标的中国银行，依托百年发展铸就的品牌价值和全球服务网络，利用海外资金优势，实现全球资源配置，护航"一带一路"战略，不仅具有得天独厚的优势,更是义不容辞的责任。

金融业是经贸往来的"发动机"和"导流渠",是支持"一带一路"建设的中坚力量。中国银行作为国际化、多元化、专业化程度最高的国有股份制商业银行,截至2015年底,已在"一带一路"沿线18个国家设立分支机构,未来,将持续完善全球布局,增加对"一带一路"沿线国家的机构覆盖。可以肯定地讲,中国银行完全有能力承担起国家赋予的责任与使命,为构建"一带一路"金融大动脉做出重要而独特的贡献。

"一带一路"建设投资规模大、周期长,涉及众多国家和地区,金融需求跨地区、跨文化差异明显,这对银行业提出了新的挑战。如何跟上国家对外投资的步伐,如何为"走出去"企业铺路搭桥,如何入乡随俗、实现文化融合,成为我行海外发展面临的一系列重要问题。《文化中行——"一带一路"国别文化手册》(以下简称《手册》)正是在这个大背景下应运而生。《手册》从文化角度出发,全面介绍了我行已设和筹设分支机构的"一带一路"沿线国家的政治经济环境、金融发展业态、民俗宗教文化等,为海外机构研究发展策略、规避经营风险、解决文化冲突、融入当地社会提供实用性、前瞻性的指导和依据。对我行实现跨文化管理,服务"走出去"企业,指导海外业务发展,发挥文化影响力,实现集团战略都具有重要的价值。

　　最好的银行离不开最好的文化。有胸怀、有格局的中行人，以行大道、成大业的气魄，一手拿服务，一手拿文化，奔走在崭新又古老的"丝路"上。我们期待《手册》在承载我行价值理念，共建区域繁荣的道路上占有重要一席，这也正是我们实现文化"走出去"战略的题中应有之义。

2015 年 12 月

目录

CONTENTS

009 第一篇 国情纵览

011 人文地理

015 气候状况

016 文化国情

027 第二篇 政治环境

029 国家体制

031 政治制度

035 行政结构

038 外交关系

051 第三篇 经济状况

053 能源资源

056 基础设施

062 国民经济

079 产业发展

088 金融体系

第四篇
双边关系

097

双边政治关系

098

双边经济关系

104

阿联酋主要商会、金融行业协会及华人社团

105

阿联酋当地主要中资企业

附 录

109

世界银行·营商环境指数

114

其他领事馆信息

115

跋

117

后 记

الإمارات العربية المتحدة

阿拉伯联合酋长国
THE UNITED ARAB EMIRATES

第一篇
国情纵览

阿拉伯联合酋长国
THE UNITED ARAB EMIRATES

一　人文地理

1　地理概况

阿拉伯联合酋长国（The United Arab Emirates），简称阿联酋，国土面积（包括岛屿）83600平方公里，海岸线长734公里。位于北纬22°～26°50′，东经51°～56°50′，地处世界上最大半岛阿拉伯半岛的东部，从西面的卡塔尔半岛底部开始，向东延伸到穆桑达姆半岛，处于海湾的中段。北部和西

阿拉伯联合酋长国地理位置

北部面临海湾，西北与卡塔尔为邻，西部和西南与沙特阿拉伯（以下简称沙特）交界，东部和东北同阿曼毗连，东临霍尔木兹海峡和阿曼湾。阿联酋地处海湾与印度洋之间的海上交通要冲，自古以来就是东西方交通枢纽，并逐渐发展成商贸集散地。

阿联酋绝大部分土地是沙漠，西部和内陆为沙漠地区。富查伊拉和沙迦的豪尔费坎、达巴等地位于阿曼湾西岸。阿布扎比酋长国东部地区重镇艾因市及其周围，有一些得益于地下水而形成的洼地。哈伊马角北部有少量山地。南部地区有许多巨大沙丘，形成与沙特阿拉伯的鲁卜哈利沙漠的边界。哈伊马角东北部与霍尔木兹海峡为邻。艾因市位于布赖米（Buraimi）绿洲地区，其南边有一座哈菲特山，高1220米，与阿曼交界。

海湾水深一般较浅，在约60万平方公里的水域中，平均水深35米，最深处90米。在东端海湾口的霍尔木兹海峡，深水处可达145米。盐度为38%～40%。水温8月可达45℃。沿岸陆上、海底和海岛均蕴藏着丰富的石油和天然气。阿联酋沿海水域大部分是浅海，多珊瑚礁和岛屿，可围海造地或填建人工岛。

阿联酋的海岸，除哈伊马角北部沿海因连接哈贾尔山脉而多山石外，其他沿海地区大部分为沙滩。有200多个大大小小的岛屿。有许多珊瑚礁，为珍珠贝提供了适宜的栖息地。海湾珍珠，久负盛誉，采珠业一直是当地人们的一项重要收入。

2　历史沿革

阿联酋于1971年12月2日宣告成立，是由阿布扎比、迪拜、沙迦、哈伊马角（1972年2月10日加入）、富查伊拉、乌姆盖万、阿治曼7个酋长国联合组成的政教合一的、松散的、年轻的联邦国家，是第二次世界大战后阿拉伯世界唯一的国家统一联合体，是当今世界上194个国家中唯一以酋长国名称参加联合国组织的国家。首都设在阿布扎比市。

在地理上和历史上，阿联酋是指阿拉伯半岛海湾南岸沿海及其内陆地带的诸酋长国，同昔日的阿曼、波斯（今伊朗）及两河流域（即底格里斯和幼发拉底两河流域平原，又称美索不达米亚平原）南部苏美尔奴隶制城邦国家有数千年的渊源。距今约4000年前，在地中海沿岸（主要指今叙利亚、巴勒斯坦地区）定居的腓尼基人，极善航海、经商，他们中曾经有人沿着非洲大陆岸边航行3年回到出发地埃及，古埃及法老称他们为"地中海上的马车夫"。当时，腓尼基人有的经阿曼海岸迁居于海湾地方，组成由谢赫（Sheikh，阿拉伯语，意即酋长）领导的部落社会，人称"麦什哈特"（Mashhate，阿拉伯语，有酋长或族长统辖之意）阿曼或"酋长国阿曼"。1820年，英国殖民主义者入侵海湾并占领后，1835年强迫各酋长签订"休战协定"。

3 人口综述

2014年末阿联酋全国人口有826万，其中外籍人口占88.5%，主要来自印度、巴基斯坦、埃及、叙利亚、巴勒斯坦等地区。

4 语言文字

官方语言为阿拉伯语,通用英语,英语在商务活动领域被普遍使用。另外还有乌尔都语和波斯语,前者是印度、巴基斯坦人使用,后者是伊朗人使用。

特别提示

★ 阿联酋时差早于格林尼治标准时间4小时,当地时间比北京时间晚4小时。

二 气候状况

阿联酋处于西亚、北非的干热地带，属热带沙漠气候。因被海湾和阿曼湾环抱，又受红海和曼德海峡气流的影响，故全年分为两季：5月至10月为夏季（热季），天气炎热潮湿，气温40～50℃；11月至次年4月为冬季（凉季），天气温暖晴朗，气温7～20℃。沿海、内陆沙漠地区和高山丘陵地带三者之间的气候差别很大。沿海地区7月的平均气温为37.7℃，而湿度经常在90%以上，有时达到极限100%。气温往往随着向内地沙漠深入而升高至50℃，甚至以上。山区和丘陵地区则气候温和，东部山区较为凉爽干燥。

阿联酋有季风和非季风两种。季风有春季和夏季之分。风起北边，干燥而清爽，不夹带沙土；另一种风是东南风，风程短，湿度大。阿联酋的风向主要为南风或东南风，其次是西风、西北风或北风。

和所有干旱地带的国家一样，阿联酋雨量稀少。平均年降水量仅为100毫米，不同年份、不同地区有差别。富查伊拉和哈伊马角两个酋长国，因位于东边和东北，又都靠近山地丘陵，降水量较多，大多集中在11月和4月，被认为是阿联酋两个拥有最肥沃土地的酋长国。其他地区降水多集中在12月和1月。夏季有雷电、沙暴。

三　文化国情

1　民族

阿联酋总人口中阿拉伯人占87%，其他民族占13%。

2　宗教

阿联酋奉伊斯兰教为国教。居民大多信奉伊斯兰教，其中多数（80%）属逊尼派，什叶派穆斯林主要在迪拜和沙迦两个酋长国。在阿联酋，宗教信仰是自由的，有少数人信仰基督教，印度移民则信仰印度教。

特别提示

★ 阿联酋政府不允许除伊斯兰教以外的其他宗教进行公开宣教，不允许进行任何政党活动。

3　风俗与禁忌

（1）民族服饰

男性。阿联酋本地的男子，传统上一年四季基本都穿一种

阿联酋男性传统服饰
图片提供：达志影像

阿联酋女性传统服饰
图片提供：达志影像

白色的阿拉伯大长袍。头顶缠着名叫"固特拉"的白色或白底小红方格大布巾，用黑色编织绳制成的头箍加以固定，大袍外穿披风，从披风的质量和做工上能区别人的贫富程度。男人腰间大多系有皮带，佩戴带鞘套的短腰刀。现在随着社会的发展和工作需要，相当多的男人已改穿西服，或在阿拉伯大袍外面加穿西服上衣。

女性。阿联酋本地女子传统上一般外面穿一种叫"萨布"的黑色长袍，戴黑色头巾、面纱，用饰物罩住头脸，不让外人看见面孔。现在多数妇女喜欢戴一条白色纱绸头巾，衣服胸前、领口、袖口及黑袍的边，大多绣饰上金银珠宝，佩戴饰品。在家中或同是妇女的场合，她们脱去黑色外袍后，里面常穿着时尚服装鞋物。她们爱好打扮，涂脂抹粉，喜爱真丝的服装和世界名牌产品。不少妇女喜欢用当地土产的一种黑色染料绘饰自己的手脚，有的把手心、脚掌涂上黑纹彩，在手背和脚背上描画一些传统的民族图案。

（2）饮食文化

日常的传统食物是烤、煮的牛、羊、鸡、鱼、虾等肉类，以及生菜、色拉、牛奶、红茶、咖啡、果汁、坚果等。在富贵人家的重大喜庆日子里，还备有烤幼驼肉、烤全羊、鲜榨果汁等高级食品。主流食品是阿拉伯传统餐饮食品。现在，西餐、中餐也逐渐在城市中流行。根据伊斯兰教教规，禁食自死物、血液、猪肉、未诵安拉之名而宰杀的畜禽。海参、甲鱼、螃蟹等外形丑陋的活物和含酒精的饮料等也在禁忌之列。但在高档饭店包房内可以例外。

阿联酋人一般喝红茶，茶中加白砂糖。此外，当地人还爱喝两种茶：一种是叫"赞吉布"的浅黄色茶，放少量薄荷，来源于印度，喝起来清凉爽口，为炎夏解暑佳品；另一种是叫"里高哈"的椰枣精滋补茶，无色，甘甜，喝后身体暖热，可驱寒治感冒。

阿联酋人还喝一种土耳其式的苦味咖啡，并用以待客。一般由主人或侍者右手持一把考究的银制热咖啡壶，左手拿数只小容量的瓷杯，倒一小口浓黑的苦味咖啡，用手托着送到客人手中。客人喝完后，将杯子在空中摇晃一两下，就表示谢谢，不用再增添了，然后将杯子交还对方；若客人喝完后手持杯子不摇，则表示还要添加，主人或侍者会再给客人添一小口咖啡，直到客人摇晃杯子示谢为止。

（3）居住习惯

阿联酋的传统居住条件是根据当地气候和环境而定的。阿拉伯半岛树木少，木料珍稀，但是有较丰富的动物毛、皮革和椰枣树枝，可作为搭帐篷和建土屋的材料。土屋通常用芦苇、椰枣树秆和泥土坯垒成，冬暖夏凉，设备和卫生条件较简陋。帐篷布一般用较粗的驼毛、羊毛织成。帐篷通常用一根支柱撑起，子女增多了，可以扩张成两根或三根支柱的大帐篷。帐篷四周的边，白天可以卷起来通风。帐篷内室以帘幕分隔为男、女起居间，前半部分为男子的客厅，后半部分是全家睡觉、妇女煮食、看养孩子和招待女宾的地方。贝都因人大多住帐篷。住土屋的以定居经商务农的哈德尔人为主。土屋有的单层，有的多层，还配有畜栏小院。青年人成家后大多数分出去单独居住。

随着石油的开发和经济的发展，联邦政府工程和住房部、各地方政府进行了数以万计的住房建设，包括普通民房、经济型住房、中等住房、上等住房、公寓套间房、现代化别墅（此类别墅一般有中央空调系统、自动换水家庭游泳池、花园草坪、车库和自备小型发电机等），以及少数封闭式大庄园等。大城市里现代化大楼和高层写字楼拔地而起，规划和实施都很迅速。在山区和沙漠地区也进行了住房和基础服务设施的建设，从而大大改善了不同阶层居民的住房条件。

（4）婚姻习俗

在阿联酋，本土人的婚姻大事通常由父母决定，已婚长子也常有发言权。为了有助于本部落人力、物力和财力的壮大，常有亲上加亲、"同族通婚"和"家族联姻"的传统习俗。未出嫁的女子必须通过家族的聚会，才能与其他男子交往。现在，随着阿联酋社会的发展和开放，尊重男女青年的个人意愿，已逐渐成为长辈们的共识。按照伊斯兰教教义，每个穆斯林男子可以娶4位妻妾。现在，女子受教育者增加，要求男女平等，多妻现象已日渐减少，在青年一代中，绝大多数是一夫一妻。夫妻合不来的，法律准许离婚，离婚后各自可以另行结婚。寡妇可以改嫁。

婚礼有传统婚礼和新式婚礼两种。传统婚礼上新郎、新娘没有机会见面，男、女宾客也要分处两个场所，甚至分开时间宴请，历时长达7天。现在传统婚礼仪式已日渐减少。新式婚礼类似欧式婚礼。主办人一般在大饭店举行，有的为期两天，首日为男宾，次日为女宾。亲朋宾客到场，先向新人赠礼献花。新人坐在正中，一般穿西式服装，接受祝福、拍照。

婚礼由双方父母共同主持，一般不设伴郎和伴娘。婚礼上载歌载舞；婚礼后，亲属们把新人送入新居，沿途长长的礼车队不断地鸣长笛，女人发出尖叫声。婚礼次日，新郎、新娘在报纸上登结婚照片，也登发亲朋的祝贺广告。然后，新人外出旅行，欢度蜜月。

（5）礼节习惯

典礼。阿联酋人无论举行婚礼、葬礼还是各种典礼，主持人和发言者一开始都先念《古兰经》，第一句话必须诵："奉至仁至慈的真主之名"（In the Name of God, Most Gracious, Most Merciful），把这视为教规和穆斯林的义务。阿联酋官民、各方人士都很重视以礼相待。宫廷典礼局和外交部礼宾司，现在均按通常礼仪和国际惯例办事。逢酋长国统治家族或领导层的重要成员出生、死亡、生日、婚嫁，典礼局和礼宾司会向外国使团发出请柬，使节夫妇按要求分开出席，以示重视。

礼拜。阿联酋穆斯林遵行伊斯兰教"五功"（即念清真言、礼拜、斋戒、纳天课、朝觐），每天行五次礼拜，即日出前的晨礼、中午的晌礼、下午的晡礼、日落后的昏礼和晚间的宵礼。在家中、办公室、旅店、候机（船、车）厅等场所，均十分认真严肃地做，旁人不得与其谈话，更不可说笑。每周星期五午后要做主麻拜，也被称为"聚礼"。

待客。阿联酋人殷勤好客。有贵客来访，主人必备熏香和香水瓶侍候，亲自迎送，与客人握手、拥抱或贴脸、亲手，告别时目送客人离去。熏香是用一盏铜制小香炉盛上燃着的檀木，香炉冒着缕缕的香烟，由主人或陪客拿到客人面前。客人可用手把香炉中燃烧的香烟扇向自身，也可撩开一点自己的上衣，扇入衣内，口中说些赞美和祝福的话。客人告别，主人会再为客人熏香一次，有的向客人手上洒些用精制小瓶或小银壶装着的香水。

丧葬。阿联酋人的葬礼与婚礼相比，要简单朴素得多，不讲陪葬或殉葬。穆斯林死后，葬礼分洗、穿、站、埋四步，在三天内完成。死者的亲属不披麻戴孝，也不哭叫，因为他们认为人死了是去见安拉，是一件令人欣慰的事。送葬人面向麦加，由主持人带领为死者祈祷。遗体被安放入墓穴后，亲人、送葬人等用手把干净的细沙土填满墓穴。墓高出地面 10~20 厘米，墓前立一块高 50 厘米、宽 20 厘米的小石碑，上面刻上死者姓名。

特别提示

阿联酋虽然是一个伊斯兰国家，民众信仰伊斯兰教，但国家实行对外全方位开放，政策较开明，对外国人在衣、食、住、行等方面没有太多限制，超级市场可以买到猪肉及其制品，基本上可满足居住在阿联酋的各国人士的需求，值得注意的问题如下。

★ 在公共场合，男女的活动场所是分开的。

★ 一般阿拉伯家庭仍席地用餐，并且用右手取食。

★ 穆斯林信仰真主，任何人不得轻视真主的命令。

★ 穆斯林认为天下穆斯林皆为兄弟姊妹，为一家人；禁止放高利贷、赌博、背盟爽约、抢占他人财产、参与非穆斯林的宗教活动。

★ 禁止奸淫、败坏他人名节、挑拨离间、搬弄是非等；任何人必须遵循《古兰经》中的教义，并用它来指导日常活动。

★ 禁食猪、马、驴、狗、蛇、火鸡、自死物、浮水鱼以及一切动物的血；禁吸鸦片，禁饮酒（除在寓所或有住房的饭店可以喝酒外，在其他场所或大街上不许喝酒）。

★ 当地每年一次的斋月期间，在日出后和日落前，任何人不许在公共场所和大街上喝水、吸烟、吃东西，否则会遭到警察的警告，严重者将被拘留。当地绝大多数餐馆和饮品店在这段时间关门停业。斋月期间，女士们要尽量穿长袖衣服和长腿裤，不要太暴露。不可以在住宅阳台上晾晒内衣，不得穿过于暴露的服装在大街上行走。

★ 不得穿睡衣、印有图像或不当文字的衣服进入清真寺。

★ 在与当地人交往中与先生谈话不能主动问及其夫人的情况；与妇女交往只能简单问候一下，不能单独或长时间与她们谈话，更不能因好奇盯着看她们的服饰，也不许给她们拍照，男士不得进入妇女活动的场所。

★ 阿联酋国内节假日较多，还有长达1个月的斋月，虽然斋月期间上午半天工作，但实际上办不了什么事。因此，到阿联酋访问或做生意、办展览要注意避开当地的节假日。

★ 和阿联酋商人谈生意，重要事情必须追踪办理。
★ 阿联酋人对任何人的邀请及约定往往会加上一句"Inshaala"（如果真主同意的话），此话即表示同意，如无意外发生，约会自当遵守，但也不可尽信。大致以宗教信仰虔诚及受过高等教育者守约程度较高。
★ 阿联酋人习惯两人见面时问候十几次才谈正事，除非是非常熟的朋友，应只问候其家庭而不问候其太太。宴客一般均在外面的餐厅，若是在家里宴客，女主人也多不出面。
★ 目前各邦的主要街道虽都已有街名，甚至街号，但大都以人名为主，名称很长，并且房屋仍无门牌号码，找起来很费时间，拜访前最好提前问清客户的确切地点并带着客户的电话，找不到时，可请当地商店帮忙打电话告知对方你的位置，请对方派人来接。
★ 阿联酋每年7月、8月最热，有时高达50℃，特别是8月，政府部门或私营企业的负责人大多出国休假，所以在此期间最好不要去拜访。

4 重要节日

（1）国庆日

国庆日为每年的12月2日。1971年3月1日，英国宣布其与海湾各酋长国签订的条约于年底终止。1971年12月2日，阿联酋宣告成立，每年该日放假，全国欢庆。

（2）宗教节日

除国庆日外，阿联酋主要节日几乎全与伊斯兰教有关。

开斋节。在伊斯兰教历的10月1日为阿联酋的开斋节，一般放假3天。每年伊斯兰教历9月为斋月，斋戒为期一个月。当月由宗教部大法官根据初显的月牙，正式宣布当日开始斋戒。斋戒期间，只工作半日，礼拜照做，从日出到日落，每个穆斯林都要禁饮食。病人、孕妇、哺乳妇女、战士、旅行者等可以例外，但不能在公开场所进食，应在室内饮食。当地非穆斯林一般也不在公开场所用餐，以示尊重穆斯林的教规。斋月期满前，由宗教部大法官根据初显的月牙，正式宣布次日开斋，若看不见月牙，则最迟于教历10月1日开斋过节。斋戒期满后，人们高高兴兴地过开斋节，一般都忙着采购首饰、新衣、礼品，穿节日盛装，探亲访友，缴纳天课，施舍穷困者，意在表示共享真主所赐福祉。

宰牲节，也叫古尔邦节，在伊斯兰教历12月10日，放假3天。这是穆斯林一年一次前往麦加朝觐的好日子。其由来为：据传说真主启示先知易卜拉欣宰杀其子来献祭赎罪，以考验父子对安拉的忠诚。当执行时，真主又启示以羊代替献祭，因此古代阿拉伯人按此每年以宰羊献祭。伊斯兰教继承了这一习俗。阿联酋穆斯林每年逢此节，开始朝觐活动，宰羊、牛、驼互相馈赠，以示纪念。

阿拉伯联合酋长国
THE UNITED ARAB EMIRATES

第二篇
政治环境

阿拉伯联合酋长国
THE UNITED ARAB EMIRATES

一 国家体制

1 国体、元首及国家标识

阿联酋国家的最高机构由联邦最高委员会、联邦政府、联邦国民议会,以及联邦最高法院组成。除外交和国防相对统一外,各酋长国具有相当大的独立性和自主权。1972年成立的联邦国民议会,是全国协商性咨询机构,不是立法机关。联邦国民议会由40名议员组成,每届任期为两年。

阿联酋国旗

阿联酋国徽

总统和副总统从最高委员会成员中选举产生,任期5年。联邦总统担任最高委员会主席。总统兼任武装部队总司令。

2 宪法概述

1971年7月18日,联邦最高委员会通过临时宪法,同年

12月宣布临时宪法生效，沿用了25年。1996年12月，联邦最高委员会通过决议，临时宪法变成永久宪法。

阿联酋忠于其宪法规定的社会普遍公正和坚持法律尊严的原则。奉行宪法规定的公正是审判的基础。在审理各种纠纷和案件中，伊斯兰教法是立法和法官判决的主要依据。法官独立行使职责，唯以法律和良心为标准，不受其他任何控制。

二 政治制度

1 政体概述

阿联酋政体兼有君主专制与总统内阁制，是二元政治体系。7个酋长国内部实行君主制统治，除外交和国防相对统一外，各酋长国拥有相当大的独立性和自主权。

（1）联邦最高委员会

联邦最高委员会是阿联酋的最高权力机构，由组成联邦的7个酋长国的酋长组成，是最高权力机构。联邦最高委员会定期举行会议，讨论并决定联邦基本国策及国内外重大问题，包括：批准预算和各项法律、法令；选举总统、副总统；决定联邦总理、最高法院大法官的人选和对各部部长进行任免等。委员会关于实质问题的决议必须经5名成员以上通过才能生效，这些成员中必须包括阿布扎比和迪拜两个酋长国的代表。自1971年成立以来，最高委员会已就国家主权、国家行政和政治机构，以及外交、财经、条约、法令等方面做出一系列决定；选举产生过7任总统、副总统；任命过7届内阁；决定1992年后过去各酋长国享有的各自领土主权归联邦最高委员会所有。联邦经费基本上由阿布扎比和迪拜两个酋长国承担。

（2）联邦国民议会

联邦国民议会是阿联酋全国协商性咨询机构，每届任期4年。1972年2月13日成立，有议员40名，可连选连任，但不得兼任联邦公职。联邦国民议会按照伊斯兰教法和阿拉伯传统,深化民主协商进程,加强社会的沟通和联络,同政府进行建设性合作,参与国家的发展和建设。议员可以自由表达各自的意见,不受任何外力的影响。2006年8月,阿联酋颁布新的议会选举法,规定联邦国民议会成员为40名,其中20名由各酋长国酋长提名,总统任命,其余20名通过选举产生。议长和两名副议长均由议会选举产生。这被视为阿联酋在民主改革道路上迈出的重要一步。2011年9月,举行第十五届国民议会选举,11月选举穆罕默德·艾哈迈德·莫尔担任议长。

议会的职权是审议联邦政府提出的法律草案,并有权提出修改意见或予以否决;有权对联邦政府缔结的条约和协定提出咨询建议。议会下设8个法案研究委员会,即内政和国防事务委员会,财政、经济和工业委员会,法律、法规事务委员会,教育、青年、新闻和文化委员会,卫生、劳动和社会事务委员会,外交事务、计划、石油、矿产、农业和渔业委员会,伊斯兰教事务和宗教基金委员会,监督资格审查和申诉委员会。

(3)政府

阿联酋于2006年2月组成第七届政府,曾进行多次部分改组,目前,共有内阁成员24人。

2 政治中心

1996年12月,联邦最高委员会通过决议,确定阿布扎比为阿联酋永久首都。阿联酋投入大量财力、人力,对阿布扎比的绿化、美化和整体环境现代化进行持续建设,从而创造了良好的旅游环境。阿布扎比市地处沙漠边缘,即使在盛夏高温(气温最高达65℃)季节,市政府也不惜工本,大力维护花草树木,尽量使路边草翠树绿,繁花似锦,加上城市风格迥异的现代化建筑物和繁荣的市面,景色非凡,别有一番风情。阿布扎比市海滨大道公园中央区的海贝珍珠造型大喷泉池中,竖立着一个阿拉伯传统大茶壶,壶中的水随着壶的自动转动倒入7个茶杯,象征着7个酋长国同享幸福。

3 主要社会团体

阿联酋没有合法政党,只有社会团体,主要社会团体如下。

(1) 红新月会

阿联酋红新月会,是阿联酋国家对外从事慈善人道主义工作的一个渠道,1983年1月成立。红新月会内设有一个妇女委员会。在哈伊马角、富查伊拉两个酋长国和阿布扎比酋长国西部地区的港口城镇设立了分会。

(2) 妇女联合总会

阿联酋建国后不久,1972年初阿布扎比妇女新兴协会率先成立,接着,迪拜妇女新兴协会、沙迦妇女联合协会、阿治曼母亲协会、哈伊马角妇女新兴协会和乌姆盖万妇女协会等纷纷建立。1975年8月27日,阿联酋妇女联合总会成立。1998年4月,新的妇女联合总会大楼在阿布扎比建成。妇女联合总会在保障妇女的政治、社会、经济、健康、教育、文化、家庭和儿童等方面的权利做出了积极的贡献。参加了议会、内阁和政府有关部门的一些活动。筹办了一些妇女职业培训和扫盲活动。成立了女作家联谊会、社会发展中心、家庭生产计划、手工艺中心和其他妇女机构。在阿布扎比、迪拜、沙迦、哈伊马角开办了女青年俱乐部。

4　主要政治人物

哈利法·本·扎耶德·阿勒纳哈扬，阿联酋总统。1948年出生，系阿联酋首任总统扎耶德长子。1969年2月1日被立为阿布扎比酋长国王储；1976年5月任联邦武装部队副总司令；2004年11月2日扎耶德总统病逝后继任阿布扎比酋长；11月3日被联邦最高委员会推选为新任总统；2009年连任。

穆罕默德·本·拉希德·阿勒马克图姆，阿联酋副总统兼总理、迪拜酋长。1949年出生。1971年任联邦国防部部长；1995年被指定为迪拜王储；2006年1月4日接任迪拜酋长，同年2月11日就任阿联酋副总统兼总理。

特别提示

★ 阿联酋政局稳定，是动荡的中东地区中罕见的"避风港"。对内积极推动经济发展和国家现代化建设；对外交往活跃，注重加强与海湾地区国家及大国的联系，在地区和国际事务中发挥了独特的作用。

三 行政结构

1 行政区划

阿联酋由 7 个酋长国组成,按政治影响、经济实力、人口比例排列依次为:阿布扎比、迪拜、沙迦、哈伊马角、阿治曼、富查伊拉、乌姆盖万。其中阿布扎比酋长国包括阿布扎比市、艾因行政区、利瓦行政区。

2 主要行政机关

阿联酋联邦政府是联邦最高委员会的执行机构,在联邦最高委员会的监督下,具体实施宪法和法律规定的权限范围内的内外大政方针,按各酋长国的政治影响、经济实力的原则分配部长职位,阿布扎比、迪拜两个酋长国人员占主要职位。

内阁由总理、副总理及部长组成。总理负责主持召开每周一次的内阁例会,监督和协调各部的工作。副总理在总理因故缺席时行使总理的权力。根据宪法的规定,内阁会议决议应以多数表决通过。如果表决时票数相等,总理行使决定性投票权。内阁负责起草法律草案。

主要行政机关有:内政部、外交部、财政部、高教部、司法部、经济部、公共工程部、能源部、劳工部、环境和水资源部、卫生部、社会事务部、教育部、劳工部、文化青年部、各酋长国市政厅、各酋长国工商会等。

3　法律构成

阿联酋联邦政府的司法、伊斯兰教事务和宗教基金部，起草了许多主要的法律，如环保法、住房法、劳动法、水产资源保护法、商业公司法、兽医行医法、贸易代理法、特殊教育组织法、高等院校重组法、原子能和光的利用法、新的民法、文职官员退休奖励法、民生和社会保障机构法，等等。根据全国的案件发生和执行办案状况，1998年成立了修订刑法法典和惩罚治罪法的专门委员会。

已制定的法律草案有：放射线利用和防辐射管理法、公共卫生法、禁烟法、卫生职业法、草药和传统医学组织法、鼓励母乳喂养法、环境保护法等。

4　主要司法机构

阿联酋的司法机构由两个基本组织构成，即设在阿布扎比、沙迦、阿治曼、乌姆盖万和富查伊拉5个酋长国的联邦司法机构和设在迪拜和哈伊马角两个酋长国的地方司法机构。司法机构有6个基本组成部分，即法庭，检察总署，司法监察局，判决、律法、律师和技术局，法官团，财政行政事务局。要求法官"独立审判，只服从法律和自己的良心"。

联邦高等法院是最高司法机构，也就是联邦最高法院。由首席法官和不超过 5 名成员的法官团组成，他们全都由总统任命。联邦最高法院负责审理涉及宪法的案件，研讨关于联邦宪法的诉讼和普遍性的法律和法规，解释宪法等事务。根据宪法，联邦最高法院的主要权限有：①审理联邦各酋长国之间以及各酋长国与联邦政府之间的争端；②审理联邦各酋长国的法律是否存在与宪法和联邦法律相抵触的地方；③解释宪法条文；④对违法、渎职或受到最高委员会控告的政府高级官员进行审判。联邦最高法院的判决为终审判决，必须执行，不得申诉。各酋长国统治者只能在本酋长国进行民事审判，重大案件须交给联邦法院审理。联邦最高法院下设联邦复审（中级）法院和联邦初级法院。

各酋长国首府设有初级法院，审理联邦与个人之间的民事、贸易和行政纠纷案件，以及除联邦最高法院已做处理以外的发生在联邦首都的犯罪案件。上述法院还审理个人之间婚姻、民事、商业等案件以及这些案件被提到联邦中级法院的复审案件。

特别提示

★ 阿联酋的法律体系与国际接轨不够，这是阿联酋投资环境中的明显缺陷，可供借鉴的司法判例也极少。

四　外交关系

1　外交原则

奉行温和、平衡、睦邻友好和不结盟的外交政策。主张通过和平协商方式解决争端，维护世界和平。致力于加强海湾阿拉伯国家合作委员会（以下简称海合会）国家间的团结与合作。重视发展同美国等西方国家的关系，近年来，推行"东向"政策，发展与中国、日本等亚洲国家的关系。阿联酋目前已同183个国家建立了外交关系。

阿联酋在贯彻执行上述外交方针中，着重体现明智、平衡和坦诚精神，勇敢地站在真理和正义的一边，呼吁团结、互助和宽容，反对恐怖主义，广泛参加支持世界各地的人道、福祉事业，使阿联酋在国际社会中获得较高地位，在地区和国际的各种场合受到尊重。

2　对外关系

（1）与美国的关系

阿联酋丰富的石油资源和所处的战略位置，使其颇受美国重视。美国每年从阿联酋进口石油，并同英、法、荷等国一道，在阿联酋开采石油。美国的军事、经济、科技水平和实力，特别是在解决中东问题上的重大作用，也受到阿联酋的特别关注，但阿联酋不接受美国军事存在和建立基地。双方军、政要员经常互访，并就两国关系、中东与海湾地区局势等问题进行磋商。20世纪90年代海湾危机和海湾战争期间，阿联酋同美国之间的政治和军事关系都有新的发展，参加了以美国为首的反对伊拉克联盟，两国签署了联合军事合作协议。2001年9月11日，美国遭到恐怖分子袭击，阿联酋总统扎耶德即致电时任美国总统布什表示哀悼和慰问；22日，阿联酋外交部宣布与阿富汗塔利班政权断交。2003年3月，美国攻打伊拉克，推翻萨达姆政权，扶持建立伊拉克临时政府，阿联酋主张维护伊拉克的主权和领土完整，在阿拉伯国家中率先承认伊拉克新政府，并积极与其发展关系。

但阿联酋同美国在一些重要问题上也存在一些分歧和矛盾。阿联酋政府支持巴勒斯坦的主权，一再呼吁美国在解决中东问题上发挥积极作用，反对美国在巴勒斯坦问题上偏袒以色列的政策，认为美国在巴以谈判中不要偏袒以色列一方，如果不能建立以耶路撒冷为首都的巴勒斯坦国，中东问题的解决便是不完全的。阿联酋支持叙利亚关于收回包括戈兰高地在内的所有被占领土的立场，以实现中东公正、持久、全面的和平。

从经济上来说，美国是阿联酋主要贸易伙伴之一。阿联酋石油出口量的7.1%输往美国，所占的比重仅次于日本和法国。

（2）与欧盟国家的关系

阿联酋与欧共体（后来的欧盟）经贸关系密切。2009年6月22日，海合会与欧洲自由贸易联盟在挪威签署了自由贸易协定。阿联酋是欧洲自由贸易联盟的第六大贸易伙伴。

与英国的关系。历史上，英国曾是阿联酋的宗主国。阿联酋独立后，同英国在迪拜签订阿联酋英国友好条约。条约的主要内容是双方在需要时就共同关心的问题进行磋商，通过和平方式解决两国间的一切争端；促进经济关系的发展；鼓励两国间教育、科学和文化方面的合作。英国极为重视其在海湾地区的政治和经济利益，经常派军政要员访问阿联酋，参加历届迪拜国际航空展及阿布扎比防务展。在阿联酋的对外贸易中，英国占有重要地位，特别是在向阿联酋的出口额中，英国仅次于日本和美国居第三位。在阿联酋石油的美元收入中，较大部分存入伦敦的英国银行。

与法国的关系。阿联酋同法国关系一直较好。两国关系特别是军事合作关系较密切，双方签订了军事训练、军事合作协定和防务协定。法国参加历届迪拜国际航空展和阿布扎比防务展，是阿联酋主要的武器供应国。2008年1月，阿联酋同法国签订了和平使用核能备忘录。双方高层经常互访，讨论中东和双边关系问题。双方经贸关系也很密切。阿联酋石油出口的10.7%销往法国。

与德国的关系。近年来阿联酋与德国关系发展迅速，两国均视对方为地区的重要合作伙伴，两国高层往来增多。

（3）与日本、韩国的关系

日本是阿联酋最大的贸易伙伴国。日本在阿联酋有各种公司70余家，平均每年向阿联酋出口商品约25亿美元。日本产汽车、家用电器等商品额占阿联酋进口商品额的比重很大。阿联酋出口的石油约43.7%供应日本，占阿联酋出口石油供应量的首位。日本进口石油的 1/4 来自阿联酋,如果算上天然气,则日本的能源约有 28% 要依靠从阿联酋进口。

阿联酋是韩国第四大原油和液化天然气供应者。韩国对阿联酋的出口额也很高。韩国电力集团正在为阿联酋建造多座核电站,2020 年前完成,可满足阿布扎比 1/4 的电力需求。

(4) 与俄罗斯的关系

1985 年 11 月,阿联酋与苏联建交。苏联解体后,阿联酋继续与俄罗斯保持友好合作关系,曾向俄罗斯提供紧急财政援助,帮助俄罗斯新政府渡过经济难关。阿联酋重视俄罗斯的大国地位,希望俄罗斯保持稳定,并在国际事务中继续发挥应有的作用。

(5) 与周边国家的关系

①与伊朗的关系。阿联酋与伊朗自古就有往来,在石油、天然气领域的合作历史很长。两国间关于大通布(Greater Tunb)、小通布(Lesser Tunb)和阿布穆萨(Abu Musa)三岛主权归属的争端,是长期影响两国关系的重大问题。阿联酋坚持对"三岛"的主权要求,主张通过和平谈判或国际法院仲裁,实现政治解决。伊朗称"三岛"是伊朗神圣不可分割的一部分,主张伊、阿两国举行"无先决条件"的直接对话,反对把此问题提交国际法院仲裁。如果"三岛"争端问题得不到解决,阿联酋和伊朗的关系就难以完全正常化。阿联酋注重发展与伊朗周边国家的关系。

②与阿曼的关系。阿联酋同阿曼在历史上有十分密切的关系。阿联酋成立以后,重视与阿曼发展关系,两国元首互访,

共商大事，共同促成海合会的建立。阿联酋 7 国中，富查伊拉酋长国是唯一位于阿曼湾的国家，与阿曼陆路、海上的交往频繁。阿布扎比的艾因绿洲与布赖米绿洲阿曼一方的村庄公路相通，两国居民之间串门互访，不分彼此，互通有无，边贸十分繁荣。

阿联酋与阿曼曾经有领土纠纷，主要是阿布扎比酋长国、阿曼和沙特阿拉伯三者之间历史遗留的布赖米绿洲问题。1985 年 5 月，阿联酋和阿曼就布赖米地区边界达成原则协议。阿曼苏丹卡布斯宣布，阿曼同阿联酋的边界不再有任何争议。历时约两个世纪的布赖米绿洲问题，最终以阿拉伯情结方式，互谅互让和平解决。2002 年 6 月 22 日，双方签署最终边界协定，明确了两国间总长 1000 公里的边界线划分。

③与沙特阿拉伯的关系。阿联酋和沙特阿拉伯两国和两国人民之间，在历史上、文化上和宗教信仰上关系密切，曾经有历史遗留的边界问题和相互认同问题。阿联酋成立时，由于两国边界争端和布赖米绿洲问题等，沙特阿拉伯未予承认。1974 年 8 月，阿联酋总统扎耶德主动访问沙特阿拉伯，积极亲善，双方就边界问题达成协议，并建立了外交关系。此后，两国关系发展较快，并在中东问题、石油问题、海湾安全与合作和其他对外关系问题上频繁进行协调和磋商。1982 年，两国与海湾其他阿拉伯四国协商成立了六国海湾合作委员会。阿联酋希望在与伊朗的三岛主权归属争端上得到国际和阿拉伯国家联盟，特别是沙特阿拉伯等海合会成员的支持。1999 年，海合会为此设立了由沙特阿拉伯、阿曼、卡塔尔组成的三方委员会。但该委员会成立以后，对"三

岛"问题的解决并没有采取积极有效的行动。

④与伊拉克的关系。海湾诸酋长国与两河流域的文明古国伊拉克,自古就有频繁的通商往来,并得益于两河流域的文明而发展,因此对伊拉克素来怀有仰慕之情。在 1980～1988 年伊拉克与伊朗战争期间,伊拉克宣称支持阿布穆萨、大小通布等三岛是阿拉伯岛屿,指责伊朗侵占。阿联酋对两伊战争,保持中立态度,积极参加调解活动,主张两伊和平解决冲突。伊拉克入侵科威特后爆发海湾危机,阿联酋方面主张和平解决危机,坚决反对伊拉克侵吞科威特,因此关闭了阿联酋驻伊拉克大使馆,参加了反对伊拉克侵占科威特的多国部队,提供了多国部队的部分费用;要求伊拉克执行安理会所有有关决议,立即释放全部被伊拉克扣留的科威特人员并承担海湾战争造成经济、资源损失的全部责任。海湾战争后,阿联酋参加了 8 国(海湾 6 国加埃及、叙利亚)大马士革宣言,以增强海湾地区的安全、稳定与和平。阿联酋的态度是:要求伊拉克全面执行安理会有关决议,同时反对肢解伊拉克,致力于推动恢复阿拉伯国家的团结,主张应谅解曾在海湾危机中支持了伊拉克的阿拉伯国家,逐步恢复对巴勒斯坦、也门等国家的援助。1998 年 11 月,在伊拉克仍处于国际制裁的情况下,阿联酋开通了从迪拜经巴林至伊拉克南部乌姆卡斯尔港的第一条海运航班,2000 年 10 月开通了第二条。2000 年 4 月 20 日,阿联酋重新开启了自海湾战争以来已关闭十年的驻伊拉克大使馆,阿联酋外交部人士称,希望这能成为两国关系正常化的开始。

"9·11"事件后,美国于 2003 年开始攻打伊拉克,推翻了萨达姆政权，伊拉克临时政府面临战后乱局和重建的严峻考验。阿联酋认为，美国政府的错误政策是造成伊拉克乱局的主要原因，伊拉克已处于内战状态。阿联酋主张维护伊拉克的主权和领土完整，尽快结束外国对伊拉克的占领，恢复伊拉克的稳定，联合国应在恢复伊拉克安全和伊拉克重建过程中发挥主要作用。阿联酋是率先承认伊拉克新政府的阿拉伯国家，并积极与伊拉克发展关系，向伊拉克提供了大量人道主义援助，协助伊拉克培训军警，2003年承诺向伊拉克提供2.15亿美元人道主义捐款，2004年宣布减免伊拉克所欠38亿美元债务的大部分。2008年8月，阿联酋重开驻伊拉克使馆。

3　主要国际参与

阿联酋奉行中立、不结盟、睦邻友好的和平外交政策，主张在平等互利、互不干涉内政的基础上，通过和平协商解决争端，谴责各种形式的恐怖主义。在密切同美国等西方国家关系的同时，重视发展与阿拉伯、伊斯兰、不结盟运动等第三世界国家的友好合作关系，主张加强海合会国家的团结与合作，积极推进海合会经济一体化，共同维护海湾地区的安全与稳定。阿联酋与美国、法国等签订防务协定，美国承诺即使其在能源问题上更加独立，也会和阿联酋一起，继续共同维护整个海湾地区的安全稳定。

阿联酋自宣告独立后，1971年12月6日成为阿拉伯国家联盟成员国；1971年12月9日成为联合国第132个会员国。

它还是海湾阿拉伯国家合作委员会（1981年5月25日成立）、伊斯兰会议组织（1970年3月成立）、不结盟运动（1961年6月成立）、阿拉伯石油输出国组织（1968年1月9日成立）、世界穆斯林大会（1926年成立）、石油输出国组织（1960年9月14日成立）、世界贸易组织（1995年1月1日成立）、国际原子能机构（1957年成立）、77国集团（1964年成立）等的成员。

阿联酋参加的主要国际条约有：1954年禁止石油污染海洋国际协定；1956年日内瓦第四公约；1969年石油污染民事责任国际公约及其1986年附件议定书；1969年外空条约；1970年核不扩散条约；1969年干预石油污染公海事件的国际条约；1971年关于建立石油污染损失赔偿基金的协定；1975年禁止生物武器公约；1972年禁止海上冲突国际协定；1987年核材料和核设施的实物保护公约；1989年关于开发利用大陆架造成海洋污染的协议；1990年管制运送危险垃圾的巴塞尔协定；1990年关于保护海洋环境不受海中污染议定书；1996年全面禁止核试验条约；1991年禁止生化武器公约；以及3个保护工业资产巴黎协定（1996）、3个人权公约（1996）、通信卫星国际条约（1996）、公民权利和政治权利国际公约、联合国海洋法公约、消除一切形式种族歧视国际公约、联合国儿童权利公约、消除对妇女一切形式歧视公约、阿拉伯人权宪章等。2009年1月，阿联酋经国际选定，成为新成立的国际再生能源署总部所在地，是国际组织总部所在地的第一个发展中国家。

扩展阅读：海湾阿拉伯国家合作委员会

在阿联酋总统扎耶德的积极推动下，1981年5月25日，阿联酋、阿曼、巴林、卡塔尔、科威特、沙特阿拉伯6个海湾阿拉伯国家的元首在阿联酋首都阿布扎比开会，宣布成立海湾阿拉伯国家合作委员会（以下简称海湾合作委员会或海合会，英文缩写为GCC），签署了会章。该会宗旨是：加强成员国之间在一切领域内的协调、合作和一体化，以达到它们的统一行动；加强和密切成员国人民之间的联系、交往与合作；推动成员国的工业、农业和科学技术的发展，建立科学研究中心，举办联合项目，鼓励私营企业之间的合作。

海湾合作委员会每年轮流在6个成员国首都召开首脑会议，已在阿联酋的首都阿布扎比召开过5次（1981年、1986年、1992年、1998年、2004年）。6国的外交、国防、内政、石油、财经等部长（大臣）几乎每年都召开部长级会议，就6国、海湾、中东在上述领域面临的重大问题互通情况，协调立场，共商对策。为了化解卡塔尔和巴林两国的恩怨，和平解决卡塔尔、巴林在侯瓦尔岛、祖巴拉和加南岛的领土争端，阿联酋同沙特阿拉伯共同做了大量调解工作，最终两国同意接受海牙国际法院仲裁。海牙国际法院于2001年3月16日做出最终裁决，解决了卡塔尔、巴林之间自1939年以来历时长达六七十年、曾经险些交战的领土争端。有鉴于此，阿联酋也希望得到海湾合作委员会首脑会议、部长理事会的帮助乃至国际法院仲裁，取得其与伊朗对阿布穆萨、大小通布三岛主权争端的和平解决，但迄今未解决。2008年12月29日，第29届海合会峰会在阿曼召开，发表《马斯喀特宣言》，通过了货币联盟协议和宪章，决定2010年实行单一货币，最终实现海合会经济一体化。

海合会自1981年成立以来，就一直致力于建立统一市场，并认为统一关税是其关键。1999年11月27～29日在沙特阿拉伯首都利雅得举行的第20届海合会首脑会议，达成了统一关税协议。协议主要内容：2005年3月1日为海湾6国统一关税的期限；将所有进口商品分成三大类：免税商品类（包括粮食、食用油、医药等基本生活必需品）；基本商品类（包括农机在内的各种生产机械），关税为5.5%；其他商品类（包括汽车、汽车零件、化妆品等高档消费品），关税为7.5%。已确定了1200多种商品分类。海湾6国的现行关税率彼此相差较大，沙特阿拉伯的关税为20%，阿联酋的关税只有1%～4%，特别是海湾和中东最大的商埠迪拜酋长国只收1%的象征性关税，迪拜对一般转口贸易和黄金制品的进出口免征利润、营业税和个人所得税。沙特阿拉伯曾要求6国在一年内将关税率统一为6%～8%，而阿联酋为了维护迪拜的利益，则希望在 7 年间逐步提高到 4% ～ 6% 的统一关税率。最后，6 国妥协，在协议中规定为 5.5% ～ 7.5% 的关税率，对迪拜还给予一些特殊照顾。2001 年，第 22 届海合会首脑会决定，统一关税率为 5%，提前到 2003 年实现，2010 年实行单一货币。2007 年，第 28 届海合会峰会在卡塔尔召开，对实行单一货币问题未做出最终决议。2008 年，阿曼、阿联酋先后表示退出该统一货币计划。据称，阿联酋对海湾央行总部不设在阿布扎比而设在沙特阿拉伯首都的决定不满，并对"海湾币"的处境能否好于"欧元"被质疑的处境仍有忧虑。

特别提示

★ 阿联酋致力于建立同阿拉伯兄弟国家之间最强有力的密切关系，维护阿拉伯民族的利益，巩固同伊斯兰世界的兄弟情结，为加强世界和平做积极贡献，向世界开放，在睦邻、相互尊重、互不干涉内政的基础上，建立与一切国家和人民的友好合作关系。

★ 阿联酋积极为海湾地区的安全与稳定努力，主张加强海湾合作委员会 6 国的团结与协调，积极推动 6 国经济一体化合作进程；呼吁海湾地区各国在平等互利、互不干涉内政的基础上，通过对话和平解决彼此之间的分歧。

★ 支持联合国的全方位改革。主张在安理会中增加伊斯兰国家（含阿拉伯国家）的代表。

★ 在中东问题上，支持巴勒斯坦人民争取合法民族权利和建立独立的巴勒斯坦国的斗争，承认巴勒斯坦国，支持中东和平进程。呼吁国际社会敦促以色列遵守"中东和平路线图"，恢复与巴勒斯坦的和谈。

★ 在伊拉克问题上，伊战期间和战后，阿联酋向伊拉克提供了大量人道主义援助，并与德国合作，为伊拉克培训军队和警察。2003年在马德里召开的援助伊拉克国际会议上，阿联酋承诺向伊拉克提供2.15亿美元人道主义捐款。

★ 在反恐问题上，阿联酋谴责各种形式的恐怖主义。反对在反恐问题上搞双重标准。反对将恐怖主义与伊斯兰教挂钩，反对歧视和伤害阿拉伯人和穆斯林。强调应将恐怖主义与各国人民反对占领的斗争区分开来。阿联酋于2004年颁布了《反恐法》。

★ 阿联酋谴责宗教极端行为和恐怖主义活动，坚持伊斯兰的博爱、宽恕、容忍和仁慈。

第三篇
经济状况

阿拉伯联合酋长国
THE UNITED ARAB EMIRATES

一 能源资源

1 主要能源及分布

阿联酋所在的海湾地区石油储油层较厚,埋藏不太深,地层较一致,油层驱动力较大,大多数属自喷井,单井产量高,故开采成本较低。

阿联酋已探明的石油储量达981亿桶(约合130亿吨),约占世界总储量的9.5%,成为世界第五位石油储量大国。天然气储量也很丰富,约6.1万亿立方米,居世界第五位。阿联酋的油、气资源,主要分布在阿布扎比酋长国。其次是迪拜、沙迦和哈伊马角3个酋长国。

2 主要资源及分布

(1)矿产资源

锰矿,分布在阿联酋北部地区;铬矿,分布在沙迦、阿治曼、富查伊拉和哈伊马角;铜矿,分布在富查伊拉和哈伊马角;石膏矿,分布在艾因地区;云母矿,分布在富查伊拉;石灰岩,分布在哈伊马角,特别是哈贾尔山脉地区;岩盐,分布在阿联酋东部和西部。

(2)植物

阿联酋主要天然植物是沙漠小树丛。在与哈伊马角相连的

椰枣树
图片提供：达志影像

哈贾尔山脉西坡及其平原上，树丛稠密；在迪拜西边的沙丘上也有沙漠小丛林和树木。阿联酋种植了大量椰枣树，超过4000万棵，每年产椰枣达上百万吨，有120多种，有的早熟，有的含糖量高，还有的含水分较多。

（3）水产资源

阿联酋的海域内水产资源丰富，沿海有珊瑚，盛产珍珠，还有丰富的渔业资源，已发现鱼类和海洋生物3000多种。鱼、虾、贝等海产品，自给有余，并大量出口。当地人对海龟、海牛等物种采取捕养、研究和保护的办法。

（4）动物

阿联酋的动物品种主要有：单峰骆驼、阿拉伯马、野牛、羚羊和熊等。传统饲养的家畜主要有骆驼、牛、印度瘤牛、绵羊、马、狗、鸡等。它们是居民所需肉、奶、毛、皮等物资的重要来源。

　　阿联酋是一个爱鸟的国家。收录记载的鸟多达 169 种。阿联酋把面积达 220 平方公里的锡尔·巴尼亚斯岛辟为中东最大的自然保护区，养护着不少珍稀的、濒临灭绝的鸟类和动物。这个昔日的荒漠沙岛，经过 30 多年的经营，已变成一个绿岛。岛上种树达 200 多万棵，建有 22 个农场，培植了 30 万棵果树、1.5 万株橄榄树，还建有鸟诊所。主要鸟类有野雁、鹰、猎隼、红鹤、非洲鸵鸟、鹧鸪、珠鸡、乌鸡、松鸡等 86 种。类似的自然保护区还有萨马利亚岛自然保护区、查尔宁岛自然保护区等。

二 基础设施

1 重要交通设施

（1）陆路运输

阿联酋公路网发达，公路交通十分便利。2003年，阿联酋公共工程部开始实施一项投资13亿迪拉姆的国家公路网工程，将所有酋长国的高速公路连接成网，并与沙特阿拉伯、阿曼的公路相连。现各酋长国之间均有现代化高速公路相连。阿联酋高速公路总长约4030公里，路面质量优良，居世界首列。全国约有机动车79.2万辆。

（2）铁路运输

阿联酋铁路以货运为主。阿联酋已启动了总投资约110亿美元、全长1200多公里的联邦铁路项目，计划2018年完工，该铁路被纳入全长2200多公里的海湾铁路网，届时将连通海合会6国。2013年，阿布扎比推出城市轨道项目，规划全长131公里，包括地铁、轻轨和快速公交等。

（3）水路运输

阿联酋共有16个现代化港口，其中9个港口具有集装箱货运码头、仓储及其他十分先进的设施。全国港口泊位超过200个，其中80%的泊位在阿布扎比酋长国和迪拜酋长国港口。阿联酋年货物吞吐量达96003万吨，2013年集装箱吞吐能力为每年2350万个标准箱。

迪拜拉希德港
图片提供：达志影像

沿阿拉伯湾的主要港口有：阿布扎比酋长国的哈利法港、扎耶德港，迪拜酋长国的拉希德港和杰贝·阿里自由区港，沙迦酋长国的哈里德港，哈伊马角酋长国的萨格尔港。阿曼湾沿岸有沙迦酋长国的科尔·富坎港、富查伊拉酋长国的富查伊拉港。其中拉希德港和科尔·富坎港均属世界前50个大型集装箱货运码头。

杰贝·阿里人工港，位于杰贝·阿里自由区内，是世界上最大的人工港，码头长15公里，有67个泊位，拥有世界一流的配套设施和服务。2014年，杰贝·阿里港3号码头完工，年吞吐能力增至1900万标准箱。2014年，该港每船每小时能处理131个动作，包括装载、卸下和移动集装箱等。杰贝·阿里港集装箱吞吐量居世界前10位，是中东、北非第一大港。据商

杰贝·阿里港集装箱码头
图片提供：达志影像

业日报（JOC）港口效率报告，2014年迪拜杰贝·阿里港蝉联最具效率港口，在全球771个港口中排名第一。

阿布扎比酋长国哈利法港一期已完工。项目第一阶段包括具有年处理200万20英尺标准箱能力的港口和面积为51平方公里的工业区A区。哈利法港已取代扎伊德港成为阿布扎比的主要货运港。

（4）航空运输

阿联酋共有机场39个，其中包括阿布扎比、迪拜等7个国际机场，此外，还有10个直升飞机机场。2013年，阿联酋航空客运量超过8500万人次。迪拜国际机场客运量达6643万人次，排在世界第2位。中国国内有多班航班飞往阿联酋的阿布扎比和迪拜等地区。迪拜国际机场日起降约500架次，是本地区最繁忙的客、货空港，已成为世界第二繁忙机场。2013年，迪拜机场免税店销售额约18亿美元,是世界上最大的机场免税店。

马克图姆国际机场是位于迪拜世界中心的第二座国际机场,一期工程已于2013年10月27日投入使用,已建成一座航站楼和一条跑道,到2020年全部完工后,将成为世界上最大的机场,共有5条跑道和4座航站楼,年运送能力达1.6亿人次和1200万公吨货物。

阿布扎比机场建于1970年,目前只有一条跑道,2013年的旅客吞吐量为1650万人次。阿布扎比机场正在扩建,全部扩建完成后,阿布扎比国际机场空港廊桥将达到80个,年客运能力将超过5000万人次,空港区面积将超过3400公顷,能够满足未来40年来往阿布扎比的旅客流量需要。

1996年6月,阿联酋成立国家民航总局。主要航空公司有伊提哈德航空公司(Etihad Airways),又称阿联酋联合航空公司;阿联酋航空公司(Emirates Airline);海湾航空公司;等等。

(5)电力设施

阿联酋2010年的发电量约为26000兆瓦,每人每年消费电量约为11000千瓦时。阿联酋统管全国水电事务的主要机构是联邦水电局(Fewa),但具体事务由主要酋长国的有关机构分别负责:阿布扎比水电局(Adwea)负责阿布扎比、艾因和西部地区,迪拜水电局(Dewa)负责迪拜,沙迦水电局(Sewa)负责沙迦地区,联邦水电局负责北部地区。

目前,阿联酋近97%的电力生产以天然气为燃料,剩余的3%则以柴油机或汽轮机(主要是阿联酋北部地区)为动力。

迪拜国际机场航站楼
图片提供：达志影像

电网方面，2011年海合会统一输电系统建成，成员国之间可在紧急用电时互送电力。

阿联酋努力推进能源多元化。2009年底，阿布扎比与韩国签署了价值200亿美元的核电站建设合同，首个核反应堆预计于2017年开始发电。阿联酋大力发展太阳能等可再生能源，计划到2020年发电总量中核电占25%、可再生能源发电占77%，天然气发电占67%～70%。

2 重要邮政通信设施

（1）邮政设施

阿联酋境内共有邮政网点73个，商业邮政代办点208家，邮箱215307个。

(2)通信设施

截至 2014 年上半年,阿联酋固定电话超过 210 万部,移动电话保有量达 1750 万部。阿联酋电信公司(Emirates Telecommunications Corporation,简称 Etisalat)成立于 1976 年 8 月 30 日,政府持有其 60% 的股份,直到 2006 年,阿联酋电信公司都是阿联酋唯一的电信运营商,垄断了阿联酋的固定电话、移动电话、互联网接入及有线电视业务。2005 年 12 月酋长国综合通信公司(EITC,股票代码"du")上市,阿联酋联邦政府拥有其 50% 的股份,它持有阿联酋第二张全国性移动服务牌照,以 DIC Telecom & Samacom 的名称为住宅和企业用户提供固话、电视以及高速互联网服务。

(3)互联网设施

截至 2014 年上半年,阿联酋互联网接入用户超过 110 万户,其中宽带用户超过 100 万户,是人均使用互联网占比较高的国家,在中东国家中排在第一位,排世界第九位。有各类网址约 8713 个,其中有 1347 个被屏蔽不能浏览。阿联酋的互联网主要由阿联酋电信公司和酋长国综合通信公司经营管理,其他公司目前只能向其租用网线,请求提供服务。

三　国民经济

1　宏观经济

（1）概述

阿联酋经济以石油生产和石油化工工业为主。政府在发展石化工业的同时，把发展多样化经济、扩大贸易和提高非石油收入在国内生产总值中的比重作为首要任务，努力发展水泥、炼铝、塑料制品、建筑材料、服装、食品加工等工业，重视发展农、牧、渔业；充分利用各种财源，重点发展文教、卫生事业。近年来，大力发展以信息技术为核心的知识经济，同时注重可再生能源研发，首都阿布扎比于2009年6月被选作国际可再生能源署总部所在地。2014年其国内生产总值（GDP）为4197亿美元，人均GDP为5.1万美元，GDP增长率为4.6%。2013年其非石油部门GDP增长率为4.5%，占GDP比重的近7成；石油部门GDP增长率近4%，占GDP的比重超过3成。阿联酋央行预计其2015年经济增速为3%。

"阿拉伯之春"爆发以来，阿联酋政府深受震动，为了稳定民心，维护国家的安定，政府在支出方面更加注重民生。迪拜酋长批准2012年削减政府预算，其中支出从2011年的336.8亿迪拉姆下降为2012年的322亿迪拉姆（合87亿美元）。

（2）国际收支

阿联酋（主要是阿布扎比酋长国）由于大量的石油出口及

维持高位的油价，即使有大量的货物进口、服务进口、单方面转移以及对外投资，仍能长期保持大量的国际收支顺差，外汇储备充足。2014年阿联酋进出口总额为6339亿美元，其中进口额为2536亿美元，出口额为3803亿美元。2014年外汇储备为759亿美元。

2011～2013年阿联酋国际收支情况

单位：百万迪拉姆

项　目	2011年	2012年	2013年
经常项目	187.110	253.260	237.546
资本项目	−109.147	−145.752	−163.670
错误与遗漏	−61.342	−71.203	3.414
国际收支净额	16.621	36.305	77.290

（3）外债

由于阿联酋特殊的政体，各酋长国外债情况不一，其中阿布扎比受益于油气资源丰富及保持高位的油气价格，外汇储备保持高位，阿布扎比投资局是世界上第二大主权财富基金，2013年底总资产为7732亿美元。根据阿联酋中央银行统计的数据，2013年底净外汇资产为2469亿迪拉姆。

阿联酋外债问题在国际上有影响的事件是迪拜债务危机。迪拜酋长国在2008年国际金融危机前，因建设战线拉得太长，超出了自身的财政实力，于2009年末发生了债务危机。

截至 2013 年底，阿联酋未到期债券余额为 1167 亿美元，约占 GDP 的 30%，外债余额约为 1638 亿美元。但是，近年来，随着贸易、旅游、房地产市场的持续好转，迪拜酋长国的经济实力明显恢复，一些企业已开始提前偿还重整后的债务，其他政府背景企业债务也通过变卖非核心资产"去杠杆化"、债务延期（只延长债务期限，不改变其他授信条件）、债务重整等手段基本平稳过渡。截至 2013 年末，阿联酋不良贷款余额为 1070 亿迪拉姆（含债务重整贷款，不含债务延期贷款），不良率为 8.4%，从 2013 年第 4 季度开始，阿联酋不良率已越过峰值，出现下降拐点。由于 2020 年世博会基础设施建设需求，2016～2020 年迪拜仍将有庞大的资本支出，需要筹措新的外债资金。国际金融协会（IIF）估计，到 2020 年，迪拜的债务规模将达到 1685 亿美元，但占 GDP 的比重将由 2012 年的 106% 下降至 70%。因此，投资者信心提高，阿布扎比和迪拜的财政状况改善，主权债务风险降低，2013 年 9 月 23 日阿布扎比政府发行 5 年期债券和伊斯兰债券的保险成本，已由当年 3 月的 65.5 个基点降至 59 个基点，为历史最低。

2014 年 2 月，大公国际对阿联酋的本、外币主权信用评级等级分别为 A⁻ 和 BBB⁺，评级展望稳定。

（4）财政收支

据阿联酋《国民报》12 月 1 日报道，阿联酋 2015 年上半年财政赤字达 210 亿迪拉姆（约合 57 亿美元），这也意味着阿联酋 2015 年全年实际赤字水平很可能远低于之前估计的 1240 亿迪拉姆（约合 340 亿美元）。按目前的财政支出速度，阿联酋2015年赤字占GDP的比率预计在2.1%左右，这一数字也好于之前IMF给出的5%的赤字规模预期。阿联酋央行在公布的第三季度经济报告中指出，阿联酋公共财政情况的改善主要得益于"财政收入的提高"，阿联酋上半年财政收入1055亿迪拉姆（约合288亿美元），较之前的预期高出11%。此外，阿联酋公共支出也较去年同期下降12%，其中贡献最大的是阿布扎比的"联邦项目"支出，较去年同期下降19%。同时，阿联酋能源补贴较去年同期降幅超过90%，从去年上半年的61亿迪拉姆降至2015年上半年的4亿迪拉姆。

但IMF也提醒，阿联酋削减支出和补贴改革等举措，特别是对项目投资的减少，很可能对经济增长造成明显的负面影响，并且预测上述举措将会在2022年之前将阿联酋的年均经济增速拉低1个百分点。2014～2016年阿联酋联邦预算总额约380亿美元，比此前3年的预算增长15%，主要用于社会发展、教育、医疗等。联邦预算仅占预算总额的10%，阿布扎比和迪拜预算占比超过80%。

2 贸易状况

（1）贸易发展

阿联酋与179个国家和地区有贸易关系，1995年加入世界贸易组织。外贸在阿联酋外向型经济中占有重要地位，出口项目主要是原油、成品油、天然气、石油化工产品、铝锭、少量土特产品和转口贸易再出口；进口商品主要是粮食、贵金属和珠宝首饰、机器及零部件、车辆。2007～2013年阿联酋连续7年保持贸易顺差。2014年，阿联酋进出口总额为6339亿美元，进口额为2536亿美元，出口额为3803亿美元。据迪拜《宣言报》12月1日报道，根据联邦海关管理局统计数据，2015年上半年，阿联酋非石油直接贸易总额为1463亿美元，同比增长2%。包括：非石油直接贸易进口总额为925亿美元；非石油直接贸易出口总额为223亿美元，其中：黄金出口总额为78.6亿美元，占出口总量的35%；其次是原铝，出口总额为24.7亿美元，占比为11%；再次，珠宝饰品出口总额为21亿美元，占比9%；转口贸易总额为315亿美元。上半年，阿联酋非石油直接贸易货物总量为8640万吨，其中进口货物总量为3320万吨，出口货物总量为4860万吨，转口货物总量为460万吨。

（2）贸易伙伴

据阿联酋统计局2014年8月发布的统计数据，2013年，阿联酋前五大贸易伙伴是印度、美国、瑞士、中国和伊朗。前五大进口国是印度、中国、美国、日本和德国。非油气产业前五大出口国是瑞士、印度、土耳其、沙特阿拉伯和阿曼。2013年，阿联酋非石油贸易排前五位的贸易伙伴国分别是印度、中国、美国、沙特阿拉伯和英国；其中，中国是阿联酋非石油贸易第一大出口国，其次是美国和英国；沙特阿拉伯是阿联酋非石油贸易第一大转口国，其次是印度和伊拉克。

（3）贸易结构

主要出口商品有：石油及炼制品、宝石、天然气、贵金属、铝及贱金属、矿产品。

主要进口商品有：粮食、机械设备、电子设备、电机、汽车与飞机等交通工具、贵金属、宝石、贱金属、化学制品、纺织品。

（4）辐射市场

阿联酋已与新加坡、新西兰签署了自贸区协议；正在进行谈判的有日本、中国、印度、巴基斯坦、土耳其、澳大利亚、韩国和南方共同市场（巴西、阿根廷、乌拉圭、巴拉圭）。

阿联酋是海合会成员国，以及大阿拉伯自由贸易区（GAFTA）、石油输出国组织（OPEC）的成员。作为海合会成员之一，阿联酋积极参与与其他国家及地区的自贸区谈判。

阿联酋自1994年起成为关贸总协定（GATT）缔约方，并于1996年加入世界贸易组织（WTO），2007年起开始全面履行义务。阿联酋也是国际原子能机构（IAEA）、国际货币基金组织（IMF）等的成员。

由于安全形势较稳、地理位置便利、基础设施优秀、贸易政策宽松、物流条件极佳，迪拜已经成为海湾地区不可或缺的地区经济和贸易转口中心，并着力打造伊斯兰经济之都。迪拜的市场辐射红海和海湾地区各国，消费者人数达 15 亿，并且作为连接中东与非洲、欧洲的枢纽，在全球货运和分送系统中发挥着重要的连接作用。迪拜转口贸易占整个阿联酋转口贸易的近 80%，在对外贸易中扮演着非常重要的角色。自 2000 年以来迪拜转口贸易保持两位数以上的增长速度，规模逐年递增。

（5）贸易主管部门

阿联酋联邦政府负责对外贸易投资管理的部门主要是经济部。经济部的职能主要包括：制定经济贸易政策；制定规范经济贸易活动的法律法规；监测经济运行情况，保护消费者权益；管理国内投资，吸引外资；协调政府部门和企业间的关系。

除经济部外，阿联酋 7 个酋长国均设有工商会。工商会属于半官方机构，主要职能包括：贯彻执行本酋长国有关工商业政策；管理本酋长国私人公司和企业，负责公司和企业的登记注册，发放营业执照和工商会会员证书等事宜；为本酋长国工商会会员提供有关经济贸易和市场等方面的信息、介绍客户。7 个酋长国工商会联合组成阿联酋联邦工商会（FCCI），总部设在阿布扎比，主要负责协调各酋长国工商会之间的关系、组织参加酋长国工商会之间的活动、推动阿联酋企业家对外交往与合作。

（6）贸易法规体系

阿联酋是松散的联邦制国家，除国防、外交相对统一外，经济、贸易、投资等方面各酋长国自成一体，联邦政府的一些法律在一些酋长国并未得到严格执行。阿联酋实施自由经济政策，对外贸易进出口自由。除军事装备和武器由政府统一进口外，对一般消费品和机械设备等没有限制。政府大型项目采购由政府统一招标进口。阿联酋现行有关贸易的法律主要有公司法、商标法、商业代理法、保险法、审计法及商业交易法等。近年来，为适应新的经济形势的需要，阿联酋经济部牵头修订了包括公司法、破产法、投资法、知识产权法等在内的10部法律，并于2014年底陆续出台。

（7）贸易管理的相关规定

为维护公共健康与安全，维护伊斯兰宗教信仰，阿联酋对部分商品实行进口管制。进口管制所涉及商品包括禁止进口商品和限制进口商品。

禁止进口商品包括：麻醉剂、可卡因、海洛因等，含有害物质的废料，伪造货币，象牙和犀牛角，旧轮胎，赌博产品，与其宗教、道德观不符且会引起社会动荡的照片、油画、卡片、书籍、期刊及雕刻作品等。

限制进口商品：以下产品如果未经政府相关部门批准，不允许进口：武器及弹药、酒精及酒类、用于医疗目的的药品、化学制品、肥料、农业染色剂、种子及农业植物、视听磁带、电话交换设备、食品、活蜂（含蜂王）、烟花及爆炸物、骆驼、猎鹰、马科动物（包括马、骡、驴等）等。

阿联酋于1996年加入世界贸易组织，2005年主要过渡期结束，目前已经履行了WTO规定义务的95%，剩余部分也将按照时间表按期履行。海合会国家关税联盟与世界贸易组织尚不接轨，有些规定阿联酋必须与其他海湾国家协商后才能决定是否修改。

（8）海关管理的相关规定

阿联酋于 2003 年 1 月 1 日正式实施海合会国家关税联盟规定。根据联盟规定，除 53 种免税商品外，其余 1236 种商品统一征收 5% 的关税，此外每张报关单还要加收 30 迪拉姆（约合 8.2 美元）的费用。根据该联盟规定，所有进口海合会国家的货物在该货物抵达第一个海合会国家港口时征收 5% 的关税，而后转运至其他海合会国家时不再征收关税。

对于某些商品，如香烟、烟草制品和各种酒精饮料，实行特殊关税，如酒精饮料税率为 50%，烟草征收 100% 的关税，并保留征收附加进口税的权利。这些商品还必须获得进口许可。

对货物样品不征收进口关税；对食品，本地工业生产所需的原材料和有关设备、药品、船舶及商用飞机免征关税。

出口和再出口（转口）免征关税，但是再出口货物发运人须向海关提供原始发票和清关手续。另外，在特殊情况下，海合会国家还可以根据实际情况对某些特定产品制定相关的税收政策，如为了缓解阿联酋建筑业原材料水泥及钢材国内需求紧缺问题，阿联酋经济部决定，从 2004 年 8 月 28 日起，对于承包商协会会员企业自用水泥实行零关税进口。

3 投资状况

（1）外国投资状况

联合国贸发会议发布的 2014 年《世界投资报告》显示，

2013年,阿联酋吸引外国直接投资额为104.9亿美元;截至2013年底,阿联酋吸引外资存量为1055.0亿美元。

2008~2013年阿联酋吸引外国直接投资统计

单位:百万美元,%

年 份	2008	2009	2010	2011	2012	2013
吸引外国直接投资额	13724	4003	5500	7679	9600	10488
增幅	-3.4	-70.8	37.4	39.6	25.0	9.3

资料来源:联合国贸发会议(UNCTAD)统计。

(2)投资环境

阿联酋自然资源丰富,政局长期稳定,地理位置优越,基础设施发达,社会治安良好,商业环境宽松,经济开放度高,是海湾和中东地区最具投资吸引力的国家之一,尤其是国际金融危机和地区动荡爆发以来,阿联酋已经成为地区资金流、物流的避风港,其地区性贸易、金融、物流枢纽的地位进一步加强。据阿拉伯国家间投资担保公司数据,2000~2010年,阿联酋吸引外国直接投资额为750亿美元,成为继沙特阿拉伯之后阿拉伯国家第二大外国资本流入目的地。2012年,阿联酋吸引外国直接投资额为96亿美元,同比增长25%,占阿拉伯国家的20.8%。2013年阿联酋吸引外国直接投资额为105亿美元,阿联酋特别是迪拜已成为全球投资者关注的焦点。

世界经济论坛《2013~2014年全球竞争力报告》显示,阿联酋在全球最具竞争力的148个国家和地区中,排在第19位。

（3）投资规划

阿联酋一直致力于减少对石油资源的依赖，并通过增加其他部门在国内生产总值中的比重来实现经济多元化，从而在世界石油价格震荡时保持经济增长。同时，阿联酋也鼓励增加私营部门在经济中的比重，并为本国国民提供新的工作机会。阿联酋经济发展的三大主要目标是实现经济长期稳定发展、实现经济多元化、吸引外国和本地的直接投资。

阿联酋的经济社会发展规划主要有以下3个。

《阿联酋2021年远景规划》。2010年由阿联酋联邦内阁制定，是阿联酋建国后首个针对全国的总体建设规划。该规划包括文化传统、联邦建设、经济发展和人民生活四部分，目标是到2021年建国50周年之际建成"世界上最美好的国家之一"。该规划提出发展可持续、多元化经济，建立知识型、高效率的经济模式，但未明确数据指标。

《阿布扎比2030年经济远景规划》。由阿布扎比政府于2008年发布。规划制定时，正值油价飙升、产油国经济高涨，规划从商业环境、财政、金融等7个部分阐述了经济发展政策，提出的主要目标有：2018年阿布扎比经济总量比2008年翻一番，石油产业产值占GDP的比重从2008年的58%降至46%；2030年经济总量比2008年翻两番，石油产业产值占GDP的比重降至36%。2008年金融危机后，阿布扎比GDP增速波动加大，2009年为负增长，2010~2012年平均增幅低于规划的7%，2012年非石油经济占GDP的比重为44%，也低于规划的47%。

《迪拜2015年战略规划》。迪拜政府于2007年发布，计划到2015年保持经济年增长11%，GDP达到1080亿美元，人均GDP 4.4万美元。尽管因金融危机阿联酋的房地产遭受重创，但近年经济逐步复苏。2012年，迪拜实际GDP约870亿美元，从经济发展态势看，该规划有望完成。2013年7月底，迪拜王储哈姆丹下令制定2020年战略规划，以巩固迪拜在海湾地区的非石油经济领导地位。

（4）投资政策

优惠政策框架。为鼓励外国投资，阿联酋整体税赋水平较低。阿联酋在联邦层面对企业和个人基本上实施无税收政策，无所得税、增值税、消费税和中间环节的各种税收；从法律上讲，外国合资、独资企业与当地企业平等。从各个酋长国的层面看，各酋长国关于各自区域内的自由贸易区的政策成为吸收外国投资的基本优惠政策框架。

行业鼓励政策。对行业的鼓励和优惠政策，主要体现在以下两个方面：第一，针对不同行业征税不同。各酋长国拥有独立征税的权利，可在不同程度上对企业征收"公司税"，这些企业主要是外国银行和外国石油公司；对某些商品及服务业可以征收所谓"间接税"。第二，各地区根据自身条件设置不同的产业发展区，给予各种优惠，如迪拜汽车城等，并通过自由贸易区的形式推动这些产业的快速发展。

地区鼓励政策。对于外国投资者而言，在阿联酋的自由贸易区和经济特区设立公司是极具吸引力的选择。

特殊经济区域的规定。自1985年在迪拜的杰贝·阿里建立第一个自由区以来，阿联酋境内设立的自由贸易区及经济特区已超过30个，是其经济的重要组成部分，主要集中在阿布扎比和迪拜。

杰贝·阿里自由区。1985年由迪拜政府发起建立，在距迪拜市区西南50公里处，总面积超过57平方公里，毗邻杰贝·阿里港，是阿联酋最大的自由区。目前，杰贝·阿里自由区入驻企业有7300多家，其中中国企业有170余家，涉及电子产品、石化产品、建材、汽车、机械设备、食品、医疗保健和医药等领域的贸易仓储和分销、工业生产，以及服务和物流行业。

迪拜国际金融中心。2004年由迪拜政府创立，占地110公顷，其地理位置和时区得天独厚，与伦敦和北京的时差均为4小时。该中心已成为中东、非洲和南亚的地区性金融中心。截至2013年底，在此注册的活跃公司达1039家，其中包括327家金融类服务公司、565家非金融类服务公司和145家零售商。中国工商银行、中国银行、中国农业银行和中国建设银行已先后入驻迪拜国际金融中心。

哈利法工业区。哈利法工业区位于阿布扎比和迪拜之间的塔维拉地区，毗邻哈利法港，占地417平方公里，是阿联酋最大的工业区。哈利法工业区是《阿布扎比2030年经济远景规划》的重点项目，工业区根据产业发展需求进行基础设施建设，涉及行业有铝业、钢铁业、制药业、食品加工业、造纸业、印刷包装业、物流仓储业等。

自由贸易区优惠政策。对于外国投资者而言，在自由贸易区及经济特区内投资的优势主要体现在：①外资可 100% 控股；②资本与货物可全部回流；③无最低投资资本要求；④股东责任仅限于实收股本；⑤无股比限制；⑥无企业所得税；⑦无个人所得税；⑧完善的厂房及仓储设施；⑨完善的基础设施、支持服务及通信条件。

各自由贸易区由所在酋长国负责管理，因此其具体优势在很大程度上取决于各酋长国的政策。

（5）投资行业规定

禁止行业。只有阿联酋公民或由阿联酋公民完全所有的企业法人方可提供下列服务：房地产服务，汽车租赁服务，农业、狩猎和林业服务，渔业服务，人力资源服务，证券服务，公路运输服务，旅行社和导游服务，药品、药剂仓库、疾控中心服务。

限制行业。WTO 服务贸易领域中的娱乐、文化、体育服务和视听服务仅下列领域允许外商投资：艺术、电影工作室、剧团、电影院、剧场、艺术品展览馆、体育活动。

外商对自然资源领域的投资规定由各酋长国制定。阿联酋的石化工业完全由各酋长国自行所有和控制，该领域外商投资必须以合资企业的形式进行，合资企业基本由阿联酋国家控股。电力、水、气等资源领域也均由国家垄断，但是近年来阿布扎比酋长国已开始将水电项目部分私有化。

（6）投资方式规定

根据阿联酋《商业公司法》，在阿联酋成立的所有公司 51% 以上的股份必须由阿联酋籍公民所有，以下情况除外：①自由区内的公司可由外商 100% 所有；②海合会成员国 100% 控股企业的商业活动；③海合会成员国 100% 控股企业与阿联酋籍国民合作；④专业型公司可由外商 100% 所有。

根据阿联酋《商业公司法》，企业组织结构分为 7 类：①普通合伙公司（General Partnership Company）；②有限合伙公司（Limited Partnership Company）；③合资公司（Joint Venture Company）；④公开合股公司（Public Joint Stock Company）；⑤非公开合股公司（Private Joint Stock Company）；⑥有限责任公司（Limited Liability Company）；⑦合股经营公司（Share Partnership Company）。

《阿联酋竞争法》对并购控制、限制协议、非法垄断、经营者集中以及滥用市场地位问题做出了规定。阿联酋没有专门针对 BOT 的法律法规。

特别提示

★ 外籍务工人员只有取得在阿联酋劳工部注册许可企业的担保，才能获得工作许可。同时必须满足以下条件：年龄在 18～60 岁；具备在阿联酋有效的专业或学术资质；持有的护照有效期在 6 个月以上；身体健康。

★ 负责办理工作许可及其他与签证相关事项的人必须是阿联酋本国人。

4　货币管理

阿联酋实施开放的货币政策,货币为迪拉姆(AED),可自由兑换,与美元的汇率固定,为1美元=3.6725迪拉姆。

2011～2014年3月迪拉姆对部分外汇牌价

日期	2011年	2012年	2013年	2014年3月31日
美元	3.6725	3.6725	3.6725	3.6725
欧元	5.1086	4.8520	5.0680	5.0519

注:期末均价。
资料来源:中国驻阿联酋大使馆经济商务参赞处。

2012年初,中国人民银行与阿联酋中央银行签署双边货币互换协议,期限为3年,规模为350亿元人民币(合200亿迪拉姆)。

信用卡使用。阿联酋当地信用卡使用较普及,中国国内银行所发行的Visa信用卡、Master信用卡及银联信用卡在各大商场及超市均可使用。

5　税收体系

阿联酋是一个低税国家,境内不征收企业所得税和个人所得税、增值税、印花税等。阿联酋没有联邦税收体系,税收制度由各酋长国自行制定。目前有税法的包括阿布扎比酋长国、迪拜酋长国、沙迦酋长国。除5%的进口关税外，阿联酋基本不征收其他税种。但外国银行在汇出利润时要按照利润的20%缴税。在特许区占有股份的外国公司须支付特许权使用费和其他捐税（油气领域）。

另外，各酋长国税法大多规定年净收入在100万迪拉姆以上的经营实体需要缴纳10%~55%的税。但实践中，仅有油气及石化类公司以及外资银行分支机构需要纳税。对某些商品及服务业征收一些"间接税"，其中包括房租，诊所、旅馆和娱乐场所收入。房租征税标准为：私人出租年租金纳税率为5%、商品房出租年租金纳税率为10%、旅馆和娱乐场所收入年纳税率为5%。

四　产业发展

1　概述

阿联酋建国以后，经济以石化工业为主，从20世纪80年代起，致力于调整经济结构，在发展石化工业的同时，把发展多样化经济如贸易业、旅游业、金融业、房地产业和制造业，增加非石化收入在GDP中的比重当作首要任务，目前经济多元化已取得重大进展，非石化收入占GDP的比重已达到67.3%。

工业以石油化工工业为主。此外，还有天然气液化、炼铝、塑料制品、建筑材料、服装和食品加工等工业。农业不发达。全国可耕地面积为32万公顷，已耕地面积为27万公顷，主要农产品有椰枣、玉米、蔬菜、柠檬等。因此，阿联酋粮食主要依赖进口；渔产品和椰枣可满足国内需求；畜牧业规模很小，主要肉类产品依赖进口。近年来，政府采取鼓励务农的政策，向农民免费提供种子、化肥和无息贷款，并对农产品全部实行包购包销，以确保农民收入，使阿联酋农业得到了一定的发展。

2　重点工业

（1）石油产业

阿联酋的石油资源丰富，已探明的石油储量为978亿桶

（约130亿吨），约占世界储量的10%，居世界第七位。阿联酋石油生产主要在阿布扎比酋长国。阿布扎比石油业正处于成熟期，按目前的产量和储量计算，还可开采120多年。迪拜酋长国的石油业处于枯竭期，储量有限，按目前的产量和储量计算，最多还能开采20年。其他酋长国处于开发、勘查找油阶段。阿联酋目前日产量约为280万桶，计划到2017年日产量增至350万桶。2011～2015年，阿联酋能源投资总额将达到140亿美元。阿联酋生产的原油大部分用于出口。

（2）天然气产业

阿联酋已探明的天然气储量约为6.1万亿立方米，占全世界天然气储量的3.4%，居世界第七位。其中大部分位于阿布扎比。阿联酋本国虽拥有巨量天然气，但由于国内天然气需求量大，大部分用于回灌采油，同时多为酸性气田，开采难度高、成本大，因此阿联酋仍采取天然气进口政策，通过"海豚计划"从卡塔尔进口天然气。

（3）非石化产业

目前，阿联酋正着力推动冶金、加工制造、新能源、金融、旅游等产业的发展，非石化产业在经济中的比重不断提高，其地区性贸易、金融、物流枢纽的地位进一步加强。

（4）炼铝业

炼铝业是阿联酋主要非石化产业之一。2013年6月，阿联酋两大铝业巨头迪拜铝业（DUBAL）和酋长国铝业（EMAL）宣布合并成立酋长国全球铝业公司（Emirates Global Aluminum），合并后的公司总资产达550亿迪拉姆（约合150亿美元），成为全球第五大铝业公司。

（5）水泥业

水泥业是阿联酋最古老的生产行业。阿联酋全国共有12家水泥厂，水泥产量为1060万吨，熟料产量为720万吨。阿联酋第一家水泥生产商联邦水泥公司（Union Cement Company）成立于1972年，自1975年引入第一条生产线之后，该公司迅速发展，2007年，年产量达到480万吨，成为阿联酋最大的水泥生产商。凭借其靠近萨克尔港的优良地理位置，产品已销往中东和东非。

（6）制药业

阿联酋现为海湾六国中第二大药品生产国，仅次于沙特阿拉伯。制药业年产值为2.72亿美元（约合10亿迪拉姆）以上。阿联酋将在阿布扎比工业城内兴建新的制药厂，以满足日益增长的药品需求。

（7）塑料工业

1998年11月，阿联酋ADNOC公司和丹麦Borealis公司合资设立了世界第六大聚烯烃公司（Borouge）。该公司计划在未来5年内将聚烯烃年产量提高至200万吨，中东和非洲是其主要销售地区，约占其市场份额的35%。

（8）纺织服装业

纺织服装业约占阿联酋国内生产总值的10%，为第二大出口产业，其中迪拜规模最大，年产值达24亿美元。据估计，迪拜目前有325家成衣厂、4家纺织厂，另有582家成衣批发商、9000家零售商及13000家成衣服饰店。76%的成衣用于外销，

哈利法塔
图片提供：达志影像

主要外销地区为欧洲及美国。

3　特色产业

（1）旅游业

阿联酋地处阿拉伯半岛，北濒海湾，不仅完全具备发展旅游的"4S"（Sun，阳光；Sea，大海；Sand，沙滩；Shopping，购物）条件，而且条件还比较优越。一年中，阿联酋有6个多月气候温暖，冬季阳光明媚；其8.36万平方公里国土总共有734公里长的海岸线，沿海有金色的海滩；在海湾60万平方公里的水域中，阿联酋拥有200多个小岛；内陆沙海浩瀚，有不少可爱的绿洲点缀其间；交通便利，有四通八达的公路网和方便的民航、水运设施，燃油和电力价格低廉，汽车、飞机、海轮、直升机、骆驼等交通工具应有尽有。

阿联酋旅游业服务硬件设备也很先进。有约300家星级以上规范服务的饭店、宾馆，其中有1999年落成的填海建造的最现代化的迪拜"阿拉伯塔"超级七星饭店（100多层），以及后建的全球最高的迪拜塔（169层，2010年1月4日完工，改名"哈利法塔"）、阿布扎比塔、朱美拉、海滨、吉布拉里棕榈岛等旅游硬件。游乐项目有骆驼赛、放鹰打猎、钓鱼、阿拉伯龙舟赛、参观文物古迹展、沙海绿洲游、凭吊古建筑等，又有足球赛、潜水、赛马、高尔夫球、新式帆船赛、汽车拉力赛、台球赛、冲浪等，有各种体育俱乐部45个。市场开放，有许多大型购物中心，有不少24小时店，世界各国的商品货物齐备，实行免税或约 4% 的低关税（烟、酒类除外），物美且新颖时尚，高、中、低档货物均有。许多日照短缺的北欧国家游客，冬天专门选择到阿联酋度假。有一些反映社会历史、人类文明、文化遗产和多种专业性的博物馆，主要包括：艾因博物馆、迪拜博物馆、沙迦博物馆及 6 个专业博物馆、阿治曼博物馆、哈伊马角国家博物馆和富查伊拉博物馆。

根据达沃斯世界经济论坛每两年发布一次的《旅游业竞争力报告》，2013 年阿联酋在世界旅游业竞争力排行榜上居第 28 位，较 2011 年提升了 2 位，迪拜在其中功不可没。迪拜是阿联酋重要的城市，石油资源不多并已几近枯竭，但在产油国中经济多元化进程起步较早，现在已成为全球重要的旅游、商业、金融中心之一。它发展战略清晰，软、硬件投资环境优良，拥有多个世界第一的地标性建筑，吸引了周边动荡国家乃至全球的资金、人才和游客。

迪拜在世界旅游热点城市的排名已由 2011 年的第 9 位上升到 2012 年的第 8 位，2013 年再度上升到第 7 位，居中东和非洲地区首位。2013 年，迪拜共吸引游客 1100 万人，同比增长 11%，是 2008 年全球金融危机以来的最快增速，旅游业对 GDP 的贡献达 20%，国民富裕的沙特阿拉伯和人口众多的印度是迪拜的最大客源地。根据迪拜旅游业发展目标，到 2020 年，每年将吸引 2000 万名游客，对 GDP 的贡献基本上在 25%～30%。

2013 年，迪拜国际机场运送旅客 6640 万人次，排在伦敦希斯罗机场之后居世界第二位，2014 年前 4 个月运送旅客 2450 万人次，同比增长 11.9%，运送旅客数居世界首位。

2014年上半年,阿联酋酒店入住率超过90%。

(2) 房地产业

房地产业是阿联酋多元化经济的支柱之一。2002年迪拜王储马克图姆宣布外国人可在迪拜拥有自有产权的房地产后,迪拜的房地产业开始起步并快速发展。阿布扎比也于2005年宣布外国人可在阿布扎比拥有自有产权的房地产,进一步促进了阿联酋房地产业的快速发展。迪拜房地产业法律体系在阿拉伯世界最完善、执行情况最好,使得迪拜成为阿拉伯世界房地产业最成熟的市场。2008年下半年,迪拜的房地产价格达到顶峰,之后随着国际金融危机的爆发,房地产价格逆转并掉入谷底。2011年开始的"阿拉伯之春"在带来地区动荡的同时,凸显了阿联酋政治稳定的优势,中东、北非地区的私人投资大量涌入阿联酋,流动性宽裕,房贷利率维持在较低水平,2011年下半年起,迪拜的房地产业率先复苏,阿布扎比的房地产业也于一年以后逐步复苏。2013年迪拜住房价格涨幅为24%,居世界第一,同期阿布扎比住房价格涨幅为21%。2013年房地产业占阿联酋GDP的比重约为10%。

(3) 建筑业

建筑业在阿联酋经济中也扮演着重要角色。为应对2008年国际金融危机的影响,阿联酋政府加大公共支出力度,继续完善基础设施建设,以此保持一定的经济增长速度。2012年以来,随着相关经济行业的复苏,阿联酋房地产业和建筑业进入复苏轨道。特别是迪拜取得2020年世博会主办权后,阿联酋房地产及工程建筑市场将更加活跃。2013年,建筑业占阿联酋

GDP 的比重约为 10%。2013 年，阿联酋建筑业授标金额超过 230 亿美元，其中 55% 为住宅及混合用途项目。2014 年第 1 季度，阿联酋已授标超过 50 亿美元项目，全年授标额超过 230 亿美元。预计到 2020 年，在建项目总金额将达 9000 亿美元，其中，房地产项目约 5100 亿美元。许多危机前停滞的项目如阿布扎比卢浮宫分馆、迪拜政府的拉希德城、大棕榈岛以及铁路项目等的重新启动标志着阿联酋建筑业的复苏。

（4）航空业

阿联酋同包括中国在内的 155 个国家和地区签订了双边航空协定，世界各国的 109 个航空公司有定期航班飞往阿联酋各机场。过去十年，阿联酋民航总局收入一直呈上升趋势，而航班架次始终以较快速度增长。依靠得天独厚的区位优势和灵活的经营策略，阿联酋航空业在国际航空业整体低迷的背景下，保持了良好的发展势头。阿联酋民航总局（GCAA）是依据 1996 年联邦第 4 号法令成立的联邦自治机构，职责是监管与民航有关的一切活动，同时提供领航、登记及颁证服务。国际航空运输协会（IATA）2011 年的一份报告曾预测，2014 年阿联酋航空市场增速将达 10.2%，在全球排第二位；预计年旅客量将达 8230 万人次，在全球排第七位。

（5）金融业

阿联酋金融体系较为完善。在阿联酋从事金融业务的机构有银行、证券公司、财务投资公司、金融咨询公司、金融中介公司等。2013 年迪拜金融中心区内企业有 1039 家，其中金融企业有 327 家。迪拜已成为位列伦敦、纽约、新加坡、中国香港、法兰克福之后的全球第6大金融中心。

（6）转口贸易业

世界贸易组织曾表示，阿联酋迪拜港是继新加坡与中国香港之后的全球第三大转口贸易中心。2013年，迪拜出口和转口总额达1411亿美元，同比增长4%。

五　金融体系

阿联酋金融体系由本土金融市场和离岸金融市场组成。本土金融市场包括中央银行、商业银行、保险公司、证券市场、财务和投资公司、货币兑换所、外国银行代表处等市场主体。离岸金融市场指迪拜国际金融中心（DIFC）。另外，阿联酋正在筹设阿布扎比国际金融中心（又称"阿布扎比世界市场"），是否属于离岸性质尚未定论。

截至2013年底，阿联酋银行业总资产达20258亿迪拉姆，总存款为12789亿迪拉姆，总贷款为14568亿迪拉姆，这显示阿联酋经济强劲恢复，信贷周期度过低点，信贷增长与GDP增长保持一致，金融体系弹性增强。银行业总资本为2684亿迪拉姆，资本充足率为19%，较2012年略微下降了2个百分点，主要原因是归还或部分归还财政部2009年投入的银行二级资本；一级资本充足率为17.2%，仍与2012年一致，较高水平的资本充足率有助于应对贷款集中度风险和部分企业的债务延期或重组风险。不良贷款余额为1070亿迪拉姆，不良率为8.4%，不良率已出现下降拐点，延期债务余额也逐年下降。从2008年起，银行业已增提拨备720亿迪拉姆，拨备覆盖率提高到92%。银行业净利润为316亿迪拉姆，同比增长19%，高水平的赢利能力意味着较强的资本内生能力。银行业利息净收入占利息毛收入的比重，从2009年末的56.6%提高到2013年末的72.4%，说明这段期间银行业筹资成本呈现下降趋势。

流动资产占总资产的比重从2008年底的8.5%提高到2013年底的12%,流动性充足。据阿联酋《联合报》2015年11月17日报道,在16日召开的阿联酋银行联合会第3次年会上,阿联酋央行行长穆巴拉克·拉希德·曼苏里在发言中称,阿联酋的银行资产已达2.4万亿迪拉姆(约合6557亿美元),居地区首位。阿联酋银行业能够取得这样的成绩,主要得益于两个方面:一是在全球经济波动的情况下,阿联酋银行的客户储蓄稳定增长,已达1.4万亿迪拉姆(约3825亿美元);二是银行业强劲的资本基础,阿联酋银行的资本充足率保持在18%以上,高于监管要求。他还指出,阿联酋银行的不良贷款率已从2014年下半年的8.6%下降到2015年第3季度末的6.3%。阿布扎比国民银行被国际知名金融期刊《全球金融》连续5年评为全球50家最安全银行之一、中东地区最安全的银行,拥有穆迪Aa3、标准普尔A$^+$、惠誉AA$^-$、马来西亚RAM AAA、日本R&I A$^+$的信用评级。

穆迪公司2013年11月13日发布的《银行体系展望——阿联酋》中,对阿联酋银行体系的展望由"负面"变为"稳定",展望提升的原因主要有:阿联酋特别是阿布扎比和迪拜持续的政府开支,迪拜多个私营行业出现强劲的恢复迹象,投资者信心不断增长,迪拜房价持续恢复,银行的运营环境持续改善,等等。穆迪公司预计阿联酋银行业的问题贷款水平将逐步减少,利润将逐步增加,并能继续保持较高的流动性和资本缓冲能力。但穆迪公司同时指出,政府背景企业债务重组的风险及新的风险暴露,将继续给阿联酋银行业特别是迪拜银行业资产质量带来压力；一些长期的结构性缺陷，如透明度欠佳、大量的关联方借贷、存款人和贷款人高度集中等，使阿联酋银行业仍然易受单一客户、单一行业如建筑业、房地产业等的影响。

迪拜国际金融中心是位于迪拜的离岸国际金融中心，成立于2006年，区内已注册近千家公司，雇员超过1.5万人，区内租用率达97%，业务辐射中东、非洲和南亚地区。在迪拜国际金融中心注册的公司中，欧洲公司占36%，中东公司占27%，北美公司占16%，亚洲地区公司占11%，其他地区公司占10%。

迪拜在2013 ~ 2014年建立起7大伊斯兰经济支柱，如全球伊斯兰债券中心和伊斯兰金融中心，持有迪拜伊斯兰债券的国际投资者显著增加，在迪拜上市的伊斯兰债券总额已达200亿美元。

1 银行体系

阿联酋银行业发达，截至2014年底，阿联酋有本国银行23家，843家分行及89个办事处；有外国银行分行及其他金融机构115家。中国银行已在阿联酋设立了中国银行迪拜代表处、中国银行中东（迪拜）有限公司和中国银行阿布扎比分行三家分支机构。

中央银行。阿联酋中央银行的前身是货币发行局（UAE Currency Board），成立于1973年，负责发行法定货币迪拉姆。1980年，阿联酋中央银行成立，主要职能包括：发行货币，确保货币汇率稳定及自由兑换；制定和实施信贷政策，确保国家经济稳定发展；监测银行系统；管理政府外汇储备和黄金储备等。

商业银行。阿联酋主要商业银行有：Emirates NBD、阿布扎比国家银行（National Bank of Abu Dhabi）、阿布扎比商业银行（Abu Dhabi Commercial Bank）、阿联酋联合国民银行（Union National Bank）等。其中，阿联酋联合国民银行在上海设立了代表处。

外资银行。自1987年开始，阿联酋央行考虑到阿联酋金融市场容量太小，对外资银行网络拓展和准入极为审慎。

中资银行。近年来，中阿金融领域合作加强。目前，中国工商银行、中国银行、中国农业银行和中国建设银行均在阿联酋设有分行或分支机构。在该区设立的银行不能吸收阿联酋当地存款，但可向当地公司发放贷款，提供咨询、投资服务等。

中国国家开发银行和中国出口信用保险公司等政策性金融机构也在阿联酋设有工作组。此外，中国银联用户还可以在阿联酋马士礼格银行所有网点刷卡，并在该行的自动取款机取现。

2 外汇市场

阿联酋外汇不受限制，可自由汇进汇出，但须符合阿联酋政府的反洗钱规定。一般情况下，外商投资资本和利润回流不受限制；外资银行在将其利润汇出境外前，必须事先获得阿联酋中央银行的同意，并将其纯利润的20%作为税收缴纳给阿联酋政府。阿联酋对外国人携带现金出入境无规定。

外资企业在阿联酋开立外汇账户没有特殊规定，但须提交在阿联酋注册公司的工商营业执照、母公司营业执照、财务报表、母公司签字授权人信息等材料。

3 资本市场

阿联酋有两个官方证券交易市场，分别是阿布扎比证券交易所和迪拜金融市场。两家交易市场由电子网络连接，方便交易者及时获得信息。所有的上市公司和股票代理经纪公司统一由阿联酋证券商品管理局负责审查。截至2010年，在该管理局注册的上市公司共有129家，包括26家外资公司，主要是银行业、服务业、保险业、工业、房地产业、通信产业。由于经济向好和投资者信心恢复，阿联酋成为地区动荡中的投资避风港，2013年股市强劲上涨，迪拜股指上涨108%，阿布扎比股指上涨72%，分列地区涨幅前两位。全年交易额为2445亿迪拉姆，同比增长2.5倍，截至2013年底，阿联酋股市市值为6462亿迪拉姆，比2012年底增长70%。2014年股指总体上继续保持上涨的势头，4月22日，迪拜金融市场指数突破5000点整数关口，收于5018.98点，创下自2008年股市崩盘以来的新高，年内涨幅为48.9%，领先于全球主要证券市场。2014年以来，阿布扎比股市涨幅也超过20%。2013年，阿联酋发行债券111笔，占海湾地区的2/3，其中主权债3笔，企业债108笔，总额为188亿美元，占海湾地区的四成。阿联酋只有一个商品期货交易市场，即黄金商品交易市场，该市场位于迪拜金属商品中心，于2005

年 11 月开始运营。

阿联酋股市允许外国人投资，但外国人占股比例不得超过 49%，具体投资比例由上市公司自行规定。

4　保险市场

阿联酋的保险业发展迅速，成为海合会国家中第二大保险市场（第一名为沙特阿拉伯）。据中国驻阿联酋大使馆经济商务参赞处 2009 年 10 月资料统计，阿联酋全国共有 46 家保险公司，其中外国保险公司 27 家，本国公司 19 家。

5　金融政策和金融监管

阿联酋自独立以来，一直采取本币钉住美元的汇率政策，汇率长期稳定在 3.6725 迪拉姆兑换 1 美元的水平，外汇资金跨境流动自由，阿联酋自主使用货币政策工具的能力有限，利率基本上随美元利率走势变化。

阿联酋央行的监管战略目标是建设良好和繁荣的金融机构体系，保护消费者，促进金融机构审慎发展。2013 年第 4 季度推出了加大集中度风险控制的监管政策，防止大额客户授信损失对银行的冲击。由于房地产市场与金融稳定息息相关，阿联酋央行密切关注房地产市场状况，于 2013 年第 4 季度规定了对房地产行业的授信上限，并开始实施个人抵押贷款新政，以抑制房地产潜在泡沫。2014 年 1 月又推出了对货币兑换业务的监管规定，并将推出对财务公司的监管政策。2014年上半年，阿联酋正式颁布《联邦信用信息法实施条例》，成立联邦信用局。阿联酋央行还即将实施巴塞尔协议Ⅲ，这将对本地银行的资本充足率和流动性产生重大影响。

迪拜国际金融中心目前已允许外国银行在区内设立分行，此举使在迪拜国际金融中心的外国银行子行规避当地监管关于授信集中度的制约成为可能。为进一步促进金融业健康发展，打造地区金融中心，迪拜国际金融中心区内金融监管机构——迪拜金融服务管理局与欧盟的金融监管机构签订了26项监管合作协议，双方将对基金经理跨境经营活动进行监管方面的合作。

特别提示

★ 金融业是阿联酋非油气产业中的支柱产业，迪拜是中东、北非地区的金融中心。阿联酋的金融业投资环境好，中国银行阿布扎比分行已获批并即将成立，中国银行中东（迪拜）有限公司已具备子行转分行的政策条件。

★ 中国企业可以凭借自身在国内银行的良好信用和充足额度，发展与阿联酋本地和外资银行的关系和业务。

★ 进驻阿联酋的中资银行以及汇丰、渣打等国际银行和Emirates NBD等当地银行可以为客户开立人民币账户，提供存取款、结算等服务。

★ 跨国贸易投资结算以美元为主。

阿拉伯联合酋长国
THE UNITED ARAB EMIRATES

第四篇
双边关系

阿拉伯联合酋长国
THE UNITED ARAB EMIRATES

一 双边政治关系

中国与阿联酋所在的阿拉伯半岛和海湾一带，自古就有许多往来。中国在西汉时期（公元前206年～公元25年）开辟的"海上丝绸之路"，从广州、泉州、明州（今宁波）、扬州等地南航向西，经印度半岛西海岸至海湾，是古代中国和阿拉伯往来的重要海上航线。

阿联酋于1984年与中国建交，关系友好，高层互访频繁。2012年1月，国务院总理温家宝率团访问阿联酋。同年3月，阿布扎比酋长国王储穆罕默德·本·扎耶德·阿勒纳哈扬访华。2013年3月，阿联酋联邦国民议会议长莫尔访华。2013年中国副部级（含副部级）以上官员20余人次访问阿联酋。

二 双边经济关系

中国和阿联酋自 1984 年 11 月建交以来，双边经贸合作取得了令人瞩目的成就。中国快速增长的外贸出口和能源需求，为阿联酋带来了丰富的工业产品，也为阿联酋石油石化产品提供了广阔的市场。阿联酋拥有卓越的发展理念、令人称羡的发展速度以及开放包容的社会文化和辐射周边的区位优势，成为中国企业投资创业的乐土。目前，超过 2000 家中国企业在阿联酋开拓当地和地区业务，超过 20 万名中国人在阿联酋工作和生活。中阿经贸合作的成果是两国经济优势互补的体现，也是两国经济利益更加紧密的体现。

1 双边贸易

近年来，中阿双边贸易发展迅速，阿联酋已成为中国在中东地区第二大贸易伙伴。据中国海关统计，2013 年，中阿双边贸易额达 462.30 亿美元，同比增长 14.40%。其中中国对阿联酋出口为 334.09 亿美元，同比增长 13.00%；进口为 128.21 亿美元，同比增长 18.10%。2013 年，阿联酋在中国全球贸易伙伴排名中居第 24 位。

据中国海关统计，近年来，中国对阿联酋出口商品主要包括：①机械器具及零件；②电气、音像设备及其零附件；③针织或钩编的服装及衣着附件；④家具、灯具，活动房等；⑤非针织或非钩编的服装及衣着附件；⑥钢铁制品；⑦鞋靴、护腿和类似品及其零件；⑧塑料及其制品；⑨化学纤维长丝；⑩车辆机器零附件，但铁道车辆除外。中国从阿联酋进口商品主要包括：①矿物燃料及其产品；②塑料及其制品；③铜及其制品；④动、植物油、脂、蜡；⑤有机化学品；⑥盐、硫黄、土及石料、石灰、水泥；⑦矿砂、矿渣及矿灰；⑧珠宝、贵金属及制品；⑨铝及其制品；⑩虫胶，树胶，树脂及其他植物液、汁。

2　双边经济合作

中阿双边的经济合作呈现良好的发展势头。中阿两国在经贸合作和文教、卫生、司法等领域签有多个协定，合作关系不断发展。1985年，中阿签订《中华人民共和国政府与阿拉伯联合酋长国政府经济、贸易、技术合作协定》。1989年9月，两国签署了民用航空运输协定。1993年7月1日，两国签署了互免双重征税和防止偷漏税协定、投资保护协定，以及医疗合作协定。1997年7月，中阿签订《中华人民共和国政府和阿拉伯联合酋长国政府关于促进和保护投资协定》和《中华人民共和国政府和阿拉伯联合酋长国政府关于对所得避免双重征税和防止偷漏税的协定》。2004年4月，阿联酋副总理兼外长哈姆丹访华，两国签署了《中阿民商事司法协助条约》。2006年，阿联酋经济部部长鲁卜娜来华出席百届广交会庆典；2月8日，中阿环境合作会议在迪拜召开。2007年4月，阿联酋外长阿卜杜拉访华，国家副主席曾庆红、外长李肇星分别与他会见，双方签署了《关于成立加强双边关系的中阿工作组的谅解备忘录》和《关于中国旅游团队赴阿联酋旅游实施方案的谅解备忘录》。2007年，中阿签订了《双边劳务合作谅解备忘录》。

3 双边投资

在"走出去"战略的推动下，中国企业赴阿联酋投资设点步伐加快。目前，超过3000家中国公司在阿联酋开办了公司或办事处。据中国商务部统计，2013年中国对阿联酋直接投资流量达2.95亿美元。截至2013年末，中国对阿联酋直接投资存量为15.15亿美元。目前，中国对阿联酋投资的主要领域为钢铁、建材、建筑机械、五金、化工等；其中主要投资项目包括：天津钢管厂投资15亿元人民币（近2亿美元），在迪拜杰贝·阿里自由区设立分公司；中化公司累计投资约1亿美元开发阿联酋油气田项目。

2013年，阿联酋在中国投资项目29个；实际使用外资金额为4381万美元。2008年12月，阿联酋博禄公司（Borouge）投资2980万美元在上海奉贤区海港开发区建立工程塑料生产基地，年产复合树脂5万吨。2010年5月，博禄公司与广州市南沙区政府签署协议，在广州市南沙区建立生产工厂，该工厂于2012年中期建成，设计年产复合聚丙烯树脂10.5万吨。

4 承包劳务

2012年以来,阿联酋建筑市场逐步复苏。英国著名建筑资产咨询公司克里思发布的《2014年国际聚焦于阿联酋》报告显示,2014年阿联酋共推出约3150亿美元的建筑项目。据世界能源理事会的数据,到2020年,仅海湾地区新增电力需求即达1000亿瓦,年均增长7.7%。到2025年,中东地区人口将增长3%,达到5亿人,加之该地区是世界上最缺水的地区之一,这将迫使包括阿联酋在内的相关中东国家加大对电力和供水的投资,使中东成为供水和电力项目最具活力的地区。其中,阿联酋10个电力和供水项目将陆续开建,总价值为15亿美元,包括7.4亿美元的Noor 1期太阳能电厂和5.8亿美元的Emal电厂二期项目等。

2020年世博会将在迪拜举办,举办世博会将有力地促进迪拜的城市建设和多元化发展。汇丰银行预计,迪拜世博会基础设施和城市建设所需的公共和私营总投入约合183亿美元。未来几年,在迪拜世博会筹备和城市建设过程中,建筑、交通类项目的发包量将大幅增长。

据中国商务部统计,2013年中国企业在阿联酋新签承包工程合同48份,新签合同额14.91亿美元,完成营业额13.40亿美元;当年派出各类劳务人员6450人,2013年末在阿联酋劳务人员12999人。新签大型工程承包项目包括中国建筑工程总公司承建迪拜总督酒店、江河创建集团股份有限公司承建阿布扎比国际机场项目等。

5　能源合作

能源领域是中阿两国经济合作的重要内容,目前在阿联酋的相关中国企业如下。

(1) 中石油工程建设公司

中石油工程建设公司凭借在巴基斯坦承建的项目与阿布扎比国际石油投资公司建立了良好合作关系。2008年11月,其与中石油管道局共同签约承建阿布扎比国际石油投资公司从阿布扎比至富查伊拉400公里的战略油气管道线路项目,项目金额高达32.9亿美元。该项目的顺利实施,将有助于从整体上提升阿联酋特别是阿布扎比石化界对中国公司的认知。

(2) 中化Atlantis公司

作为中国石油企业在阿联酋的第一个项目,同时也是中国石油企业在中东地区第一个独立开发的项目,中化Atlantis公司UAQ气田已正式投产。该项目已累计投资约1亿美元,UAQ气田预计高峰期日供气量为8000万立方英尺,供气年限为25年。

这两个项目的实施,必将加深阿布扎比对中国石化企业的了解,并为将来实质性的能源领域合作打下坚实的基础。

6　电信合作

目前,华为集团(以下简称华为)和中兴通讯股份有限公司(以下简称中兴)已经成为阿联酋电信业设备主流供应商。

（1）华为阿联酋分公司

目前华为和阿联酋国家电信公司结成战略合作伙伴关系。随着阿联酋国家电信公司在海湾、南亚和非洲的扩张，华为公司也积极随之开拓市场。

华为阿联酋分公司在包括 LTE、3G、GSM、NGN、传输、FBB、IPTV、FTTX 等多种电信解决方案在阿联酋的电信市场实现了规模应用。2009年华为与阿联酋国家电信公司成立联合业务创新中心，2010年华为又与其签订了培训合作伙伴协议，华为选定该公司的培训学院作为其在中东、非洲的下一代网络合作培训中心，并为该学院提供培训所需的技术和资源支持。

（2）中兴公司阿联酋分公司

中兴已经与阿联酋国家电信公司建立了长期战略合作伙伴关系，在阿联酋本土市场，以及分支国家市场包括阿富汗、印度、巴基斯坦、埃及等开展了大规模通信项目合作，涉及移动、固网、光传输、终端等全套产品解决方案，并提供交钥匙工程和后续高质量网络维护。此外，中兴还与阿联酋国家电信公司在迪拜展开培训学院的合作，将为其提供先进的电信设备，并派遣优秀的讲师为他们的员工提供通信技术和电信运营方面的培训。

特别提示

★ 阿联酋认为乌鲁木齐"7·5事件"是中国内政，支持中国政府为维护国家统一、安全与稳定所做的努力。

三 阿联酋主要商会、金融行业协会及华人社团

(1) 阿联酋中国商会

电　话：+971-6-5749068

传　真：+971-6-5749082

(2) 贸促会驻海湾地区代表处

电　话：+971-6-5749068

传　真：+971-6-5749082

电　邮：ccpitgulf@ccpit.org

网　址：daibiaochu.ccpit.org/ae

(3) 中国商务部研究院海外投资咨询中心

地　址：北京市东城区安外东后巷28号

电　话：010-64515042、64226273、64515043

传　真：010-64212175

电　邮：kgjyb@126.com

网　址：www.caitec.org.cn

四 阿联酋当地主要中资企业

境内投资主体	境外投资企业（机构）	归属	经营范围
中国核工业第二建设有限公司	中国核工业第二建设有限公司迪拜分公司	中央企业	阿联酋及中东地区建筑业务市场开拓
中国机械进出口（集团）有限公司	中国机械进出口（集团）有限公司阿布扎比分公司	中央企业	阿联酋国别EPC工程承包项目管理
中国电力工程顾问集团华北电力设计院有限公司	中国电力工程顾问集团华北电力设计院（中东）有限责任公司	中央企业	主要从事贸易、采购进出口业务以及设计咨询业务；后续将根据公司发展需要和迪拜法律法规的调整，适时开展工程总承包等业务
中国电力建设集团股份有限公司	中国电力建设集团股份有限公司中东代表处	中央企业	代表集团公司承担所在区域海外业务的经营管控职能，履行管理职责，实现经营目标
山东电力基本建设总公司	山东电力基本建设总公司迪拜分公司	中央企业	协助项目部EP环节的管控，帮助动员国际高端资源。为往来员工提供签证、住宿等帮助
中国石油集团长城钻探工程有限公司	中国石油集团长城钻探工程有限公司阿联酋分公司	中央企业	代表公司执行在阿联酋的钻探工程及相关业务作业
中国土木工程集团有限公司	中国土木工程集团有限公司阿联酋分公司	中央企业	从事工程承包业务
中国建材国际贸易有限公司	中国建材国际贸易有限公司中东公司	中央企业	太阳能系统或者产品贸易；测量和控制系统设备贸易；环境保护设备贸易；观察、检测设备贸易；发电及输配电设备贸易；工程设计设备贸易；水泵、发动机、阀门及其备件贸易

续表

境内投资主体	境外投资企业（机构）	归属	经营范围
中国机械设备工程股份有限公司	中国机械设备工程股份有限公司中东区域公司	中央企业	贸易
中铁四局集团有限公司	中铁四局集团迪拜有限责任公司	中央企业	从事基础设施项目的工程承包、施工机械租赁、修理、房地产开发、国际贸易和投资等

详细中资企业名录请参见：

中国商务部"中国对外投资和经济合作"网站⇨"境外企业（机构）"，相关网址：http://wszw.hzs.mofcom.gov.cn/fecp/fem/corp/fem_cert_stat_view_list.jsp。

阿拉伯联合酋长国
THE UNITED ARAB EMIRATES

附　录

阿拉伯联合酋长国
THE UNITED ARAB EMIRATES

附录一 世界银行·营商环境指数

为评估各国企业营商环境,世界银行通过对全球国家和地区的调查研究,对构成各国的企业营商环境的十组指标进行了逐项评级,得出综合排名。营商环境指数排名越高或越靠前,表明在该国从事企业经营活动条件越宽松。相反,指数排名越低或越靠后,则表明在该国从事企业经营活动越困难。

阿联酋营商环境排名

阿拉伯联合酋长国	
所处地区	中东及北非
收入类别	高收入
人均国民收入总值(美元)	43480
营商环境 2016 年排名:31,与上一年相比,前进 1 名	

阿联酋营商环境概况

下图同时展示了阿联酋各分项指标与"世界领先水平"的距离,"世界领先水平"反映了《2016 年全球营商环境报告》所包含的所有经济体在每个指标方面(自该指标被纳入《营商环境报告》起)表现出的最佳水平。每个经济体与领先水平的距离以从 0 到 100 的数字表示,其中 0 表示最差表现,

100 表示领先水平。

指　　标	阿拉伯联合酋长国	中东及北非	经合组织
开办企业			
2016 年与世界领先水平的距离（百分点）：89.98			
程序（个）	6.0	8.2	4.7
时间（天）	8.0	18.8	8.3
成本（占人均国民收入的百分比）	6.2	25.8	3.2
实缴资本下限（占人均国民收入的百分比）	0	37.7	9.6
办理施工许可证			
2016 年与世界领先水平的距离（百分点）：88.79			
程序（个）	8.0	14.8	12.4
时间（天）	43.5	139.7	152.1
成本（占人均收入的百分比）	0.2	3.1	1.7
建筑质量控制指标（0～15）	11.0	9.5	11.4
获得电力			
2016 年与世界领先水平的距离（百分点）：95.28			
程序（个）	3.0	4.9	4.8
时间（天）	32.0	82.4	77.7
成本（占人均国民收入的百分比）	23.5	931.3	65.1
供电可靠性和电费指数透明度（0～8）	7.0	3.2	7.2
登记财产			
2016 年与世界领先水平的距离（百分点）：89.23			
程序（个）	2.0	5.7	4.7

续表

指标	阿拉伯联合酋长国	中东及北非	经合组织
时间（天）	1.5	29.6	21.8
成本（占财产价值的百分比）	0.2	5.6	4.2
土地管理系统的质量指数（0～30）	20.0	12.5	22.7
获得信贷			
2016年与世界领先水平的距离（百分点）：45.00			
合法权利指数（0～12）	2.0	1.3	6.0
信用信息指数（0～8）	7.0	4.1	6.5
私营调查机构覆盖范围（占成年人的百分比）	7.7	10.8	11.9
公共注册处覆盖范围（占成年人的百分比）	38.4	12.0	66.7
保护少数投资者			
2016年与世界领先水平的距离（百分点）：60.00			
少数投资者保护力度指数（0～10）	6.0	4.5	6.4
纠纷调解指数（0～10）	7.3	4.7	6.3
披露指数	10.0	5.8	6.4
董事责任指数	9.0	4.6	5.4
股东诉讼便利度指数（0～10）	3.0	3.7	7.2
股东治理指数（0～10）	4.7	4.4	6.4
股东权利指数（0～10）	4.0	5.2	7.3
所有权和管理控制指数（0～10）	7.0	4.0	5.6
公司透明度指数（0～10）	3.0	3.9	6.4
纳税			
2016年与世界领先水平的距离（百分点）：99.44			

续表

指标	阿拉伯联合酋长国	中东及北非	经合组织
纳税（次）	4.0	17.7	11.1
时间（小时）	12.0	216.1	176.6
应税总额（占毛利润的百分比）	15.9	32.6	41.2
利润税（占利润的百分比）	0	12.7	14.9
劳动税及缴付（占利润的百分比）	14.1	16.3	24.1
其他税（占利润的百分比）	1.8	3.7	1.7
跨境贸易			
2016年与世界领先水平的距离（百分点）：66.27			
出口耗时：边界合规（小时）	38.0	65.0	15.0
出口所耗费用：边界合规（美元）	650.0	445.0	160.0
出口耗时：单证合规（小时）	6.0	79.0	5.0
出口所耗费用：单证合规（美元）	178.0	351.0	36.0
进口耗时：边界合规（小时）	72.0	120.0	9.0
进口所耗费用：边界合规（美元）	678.0	594.0	123.0
进口耗时：单证合规（小时）	37.0	105.0	4.0
进口所耗费用：单证合规（美元）	283.0	385.0	25.0
执行合同			
2016年与世界领先水平的距离（百分点）：73.22			
时间（天）	495.0	653.3	538.3
成本（占标的额的百分比）	19.5	24.7	21.1
司法程序质量指数（0~18）	13.0	6.5	11.0
程序	指标		
时间（天）	495.0		

续表

指标	阿拉伯联合酋长国	中东及北非	经合组织
备案与立案	21.0		
判决与执行	330.0		
合同强制执行	144.0		
成本（占标的额的百分比）	19.5		
律师费（占标的物价值的百分比）	10.0		
诉讼费（占标的物价值的百分比）	8.5		
强制执行合同费用（占标的物价值的百分比）	1.0		
司法程序质量指数（0~18）	13.0		
办理破产			
2016年与世界领先水平的距离（百分点）：43.74			
回收率（每美元美分数）	29.0	27.5	72.3
时间（年）	3.2	3.0	1.7
成本（占资产价值的百分比）	20.0	13.8	9.0
结果（0为零散销售，1为持续经营）	0	0	1
破产框架力度指数（0~16）	9.0	5.4	12.1
启动程序指数（0~3）	2.0	2.1	2.8
管理债务人资产指数（0~6）	4.0	3.1	5.3
重整程序指数（0~3）	0.0	0.1	1.7
债权人参与指数（0~4）	3.0	1.2	2.2

资料来源：世界银行《2016年全球营商环境报告》。

附录二　其他领事馆信息

中国驻迪拜总领事馆

(Consulate-General of the People's Republic of China in Dubai)

电　　话：+971-4-3944733

传　　真：+971-4-3952207

邮　　箱：chinaemb_ae@mfa.gov.cn

领事部对外受理时间：星期天至星期四

申请时间：上午 9 点至中午 12 点

取证时间：上午 10 点至中午 12 点

中国传统节假日不办公，时间另行通知

跋

"丝绸之路经济带"和"21世纪海上丝绸之路"战略构想为沿线国家的经贸往来和文化融合带来千载难逢的机遇。作为中国唯一连续经营百年以上、机构网络遍及海内外40多个国家和地区的大型商业银行,中国银行在国际化经营水平、环球融资能力、跨境人民币业务等方面具有独特优势。随着国家"一带一路"战略梦想一步步走进现实,中国银行正励精图治,努力成为实现这个伟大梦想的金融大动脉。

"国之交在于民相亲,民相亲在于心相交。""一带一路"战略布局涉及区域广阔,业务广泛。它不仅是一条经济交通之路,更是一条民心交融之路,其建设发展在很大程度上取决于文化的影响力和穿透力。《文化中行——"一带一路"国别文化手册》的付梓,恰逢我行整合海内外资源、布局全球一体化协同发展的关键时期。《手册》以研究海外机构特点和服务对象需求为出发点,致力于解决文化冲突、促进文化融合,力求为海外机构提供既符合中国银行价值理念,又符合驻在国实际的文化指引。

《手册》在前期充分调研的基础上,与社会科学文献出版社共同编辑出版。《手册》紧紧围绕业务需求，深耕专业领域，创新工作思路，填补了我行海外文化建设领域的空白。这是中国银行在大踏步国际化背景下，抓紧建设开放包容、具有强大影响力的企业文化的需要，是发挥文化"软实力"、保持集团可持续发展的需要，更是投身国家重大战略部署、担当社会责任的需要。

社科文献出版社是我国社会科学研究领域的权威出版机构，在人文社会科学著作出版方面享有盛誉。在编纂过程中，特别邀请了外交部、商务部专家重点审读相关章节。针对重点领域的工作需要，设置了"特别提示"和"扩展阅读"，为"一带一路"发展战略提供了较为丰富的实例和参考。

文化的力量是无穷的。希望《文化中行——"一带一路"国别文化手册》行之弥远、传之弥久，以文化的力量推动"一带一路"金融大动脉建设，为实现"担当社会责任，做最好的银行"的战略目标添砖加瓦。

2015 年 12 月

后　记

《文化中行——"一带一路"国别文化手册》是中国银行在全力服从国家"一带一路"战略，依托百年发展优势，布局全球、协同发展的大背景下编撰的国别类文化手册。由中国银行企业文化部牵头，在办公室、财务管理部、总务部、集中采购中心的大力支持下，在社会科学文献出版社经管分社团队的共同努力下编辑出版。

手册在编辑过程中广泛征求了各海外分支机构的意见，得到了雅加达分行、马来西亚中国银行、马尼拉分行、新加坡分行、曼谷子行、胡志明市分行、万象分行、金边分行、哈萨克中国银行、伊斯坦布尔代表处、巴林代表处、迪拜分行、阿布扎比分行、匈牙利中国银行、卢森堡有限公司波兰分行、俄罗斯中国银行、乌兰巴托代表处、秘鲁代表处、仰光代表处、孟买筹备组、墨西哥筹备组、维也纳分行、摩洛哥筹备组、智利筹备组、毛里求斯筹备组、布拉格分行的大力支持，在此一并表示感谢。

编写组在编纂过程中参考了不同渠道的相关资料，主要包括外交部国家（地区）资料库，商务部"对外投资合作国别

（地区）指南2014版"，社会科学文献出版社"列国志"大型数据库，以及中国银行海外分支机构提供的相关资料。

本手册系定期更新，欢迎各界提供最鲜活的资料，使手册更具权威性和客观性。

图书在版编目(CIP)数据

阿拉伯联合酋长国 / 中国银行股份有限公司, 社会科学文献出版社编. —北京:社会科学文献出版社, 2016.1
(文化中行:"一带一路"国别文化手册)
ISBN 978-7-5097-8426-6

Ⅰ.①阿… Ⅱ.①中… ②社… Ⅲ.①阿拉伯联合酋长国-概况 Ⅳ.①K938.7

中国版本图书馆CIP数据核字(2015)第276694号

文化中行:"一带一路"国别文化手册
阿拉伯联合酋长国

编　　者 /	中国银行股份有限公司
	社会科学文献出版社
出 版 人 /	谢寿光
项目统筹 /	恽　薇　　王婧怡
责任编辑 /	陈凤玲
出　　版 /	社会科学文献出版社·经济与管理出版分社 (010) 59367226
	地址:北京市北三环中路甲29号院华龙大厦　邮编:100029
	网址:www.ssap.com.cn
发　　行 /	市场营销中心 (010) 59367081　59367090
	读者服务中心 (010) 59367028
印　　装 /	北京盛通印刷股份有限公司
规　　格 /	开　本:889mm×1194mm 1/32
	印　张:3.875　字　数:81千字
版　　次 /	2016年1月第1版　2016年1月第1次印刷
书　　号 /	ISBN 978-7-5097-8426-6
定　　价 /	48.00元

本书如有破损、缺页、装订错误,请与本社读者服务中心联系更换

▲ 版权所有　翻印必究